Jean-Paul II

A tous les jeunes du monde

Lettre apostolique
à l'occasion de l'année internationale
de la jeunesse

1985

Le Centurion

ISBN 2-227-43043-5

17, rue de Babylone, 75007 Paris

LETTRE APOSTOLIQUE

DU PAPE

JEAN-PAUL II

A TOUS LES JEUNES DU MONDE

A L'OCCASION

DE L'ANNEE INTERNATIONALE

DE LA JEUNESSE

TYPOGRAPHIE POLYGLOTTE VATICANE

Chers amis,

VŒUX POUR L'ANNÉE DE LA JEUNESSE

1. « *Toujours prêts à justifier l'espérance qui est en vous devant ceux qui vous en demandent raison* ».[1]

Tel est le vœu que je vous adresse, à vous les jeunes, depuis le début de cette année. L'an 1985 a été proclamé par l'Organisation des Nations Unies *Année internationale de la Jeunesse,* et ce fait a une grande portée à plusieurs titres: pour vous-mêmes d'abord, également pour les autres générations, pour chaque personne, pour les communautés et pour toute la société. Cela prend aussi un sens tout particulier pour l'Eglise, elle qui a la garde des vérités et des valeurs fondamentales, et qui sert la destinée éternelle que l'homme et toute la grande famille humaine ont en Dieu même.

Si l'homme est la route fondamentale et la route quotidienne de l'Eglise,[2] on comprend bien pourquoi l'Eglise accorde *une importance particulière à la période de la jeunesse*: elle est une étape clé dans la vie de tout homme. Vous, les jeunes, vous incarnez précisément cette jeunesse: vous êtes la jeunesse des

[1] *1 P* 3, 15.
[2] Cf. JEAN-PAUL II, Encyclique *Redemptor hominis,* n. 14: *AAS* 71 (1979), pp. 284-285.

nations et des sociétés, la jeunesse de toute famille et celle de l'humanité entière; vous êtes aussi la jeunesse de l'Eglise. Tous, nous portons notre regard sur vous, car tous, grâce à vous, nous redevenons sans cesse, pour ainsi dire, jeunes avec vous. C'est pourquoi votre jeunesse n'est pas seulement votre propriété, propriété personnelle ou celle d'une génération: elle fait partie de l'ensemble de cette durée que tout homme parcourt au long de son itinéraire pendant sa vie, et, en même temps, elle est *un bien propre à tous*. Elle est le bien de l'humanité elle-même.

L'espérance est en vous, parce que vous appartenez à l'avenir, comme l'avenir vous appartient. *L'espérance,* en effet, est toujours *liée à l'avenir,* elle est l'attente des « biens à venir ». En tant que vertu chrétienne, elle ne fait qu'un avec l'attente des biens éternels que Dieu a promis à l'homme en Jésus Christ.[3] Et simultanément *l'espérance,* comme vertu à la fois chrétienne et humaine, est *l'attente des biens* que l'homme réalisera, en utilisant les talents que la Providence lui a donnés.

C'est en ce sens que l'avenir vous appartient, à vous les jeunes, comme il a appartenu avant vous à la génération des adultes et est devenu *l'actualité* avec eux. De cette actualité, avec ses formes multiples et sa physionomie, ce sont les adultes qui sont les premiers responsables. A vous, revient *la responsabilité de ce qui* deviendra actuel avec vous un jour, et qui *est encore à venir* pour le moment.

Quand nous disons que *l'avenir vous appartient,*

[3] Cf. *Rm* 8, 19. 21; *Ep* 4, 4; *Ph* 3, 10-11; *Tt* 3, 7; *He* 7, 19; *1 P* 1, 13.

nous pensons dans les termes *des catégories transitoires propres à l'homme* qui vit toujours un passage à l'avenir. Quand nous disons que *l'avenir dépend de vous,* nous pensons en *termes de catégories éthiques,* selon les exigences de la responsabilité morale qui nous impose d'attribuer à l'homme comme personne — et aux communautés ou sociétés qui sont composées de personnes — la valeur fondamentale des actes, des projets, des initiatives et des intentions humaines.

Cette dimension est aussi la dimension caractéristique de l'espérance chrétienne et humaine. Et c'est selon cette dimension que l'Eglise vous adresse par ma bouche, à vous les jeunes, *le premier vœu, le vœu le plus important* en cette année consacrée à la jeunesse: soyez « toujours prêts à justifier l'espérance qui est en vous devant ceux qui vous en demandent raison ».[4]

LE CHRIST PARLE AVEC LES JEUNES

2. Ces paroles, écrites un jour par l'Apôtre Pierre à la première génération des jeunes chrétiens, sont en rapport avec tout l'Evangile de Jésus Christ. Nous nous rendrons peut-être compte de manière plus nette de ce rapport quand nous aurons médité *le dialogue du Christ avec un jeune homme,* que nous ont transmis les évangélistes.[5] Parmi de nombreux textes bibliques, c'est celui-ci qui mérite d'être rappelé ici en premier lieu.

A la question: « Bon Maître, que dois-je faire

[4] *1 P* 3, 15.
[5] Cf. *Mc* 10, 17-22; *Mt* 19, 16-22; *Lc* 18, 18-23.

pour avoir la vie éternelle? » *Jésus répond* d'abord *par la question*: « Pourquoi m'appelles-tu bon? Nul n'est bon que Dieu seul ». Puis il continue en disant: « Tu connais les commandements: ne tue pas, ne commets pas d'adultère, ne vole pas, ne porte pas de faux témoignage, ne fais pas de tort, honore ton père et ta mère ».[6] Par ces mots, Jésus *rappelle* à son interlocuteur certains commandements du Décalogue.

Mais la conversation ne s'arrête pas là. Le jeune homme affirme en effet: « Maître, tout cela, je l'ai observé dès ma jeunesse ». Alors — comme l'écrit l'évangéliste — « Jésus *fixa sur lui son regard et l'aima*. Et il lui dit: "Une seule chose te manque: va, ce que tu as, vends-le et donne-le aux pauvres, et tu auras un trésor dans le ciel; puis, viens, suis-moi" ».[7]

A ce point, *le climat de la rencontre change*. L'évangéliste écrit que le jeune homme « à ces mots, s'assombrit et il s'en alla contristé, car il avait de grands biens ».[8]

Il y a encore *d'autres passages de l'Evangile* où Jésus rencontre les jeunes — deux résurrections sont particulièrement suggestives: celle de la fille de Jaïre [9] et celle du fils de la veuve de Naïm [10] —; cependant nous pouvons admettre que le dialogue que nous venons de rappeler est *la rencontre* la plus complète et *la plus riche de contenu*. On peut aussi dire qu'elle a un caractère plus universel, au-delà du temps, et donc qu'elle garde, d'une certaine façon, toute sa valeur *permanente et durable* à travers les siècles et

[6] *Mc* 10, 17-19.
[7] *Mc* 10, 20-21.
[8] *Mc* 10, 22.
[9] Cf. *Lc* 8, 49-56.
[10] Cf. *Lc* 7, 11-17.

les générations. C'est ainsi que parle le Christ avec un jeune, avec un garçon ou une fille: il entre en dialogue dans les endroits du monde les plus divers, dans les différentes nations, les différentes races et cultures. Dans ce dialogue, *chacun de vous* est un de ses *interlocuteurs* potentiels.

En même temps, tous les éléments de la description et toutes les paroles prononcées dans cette conversation de part et d'autre ont un sens tout à fait important, possèdent un poids particulier. On peut dire que ces paroles expriment une vérité spécialement profonde sur l'homme en général et, par-dessus tout, *la vérité sur la jeunesse humaine.* Elles sont vraiment capitales pour les jeunes.

Permettez-moi, par conséquent, dans la présente lettre, d'ordonner ma réflexion, pour l'essentiel, autour de cette rencontre et de ce texte évangélique. Peut-être vous sera-t-il plus facile ainsi de développer *votre propre dialogue avec le Christ* — dialogue qui a une importance fondamentale et première pour un jeune.

LA JEUNESSE EST UNE RICHESSE UNIQUE

3. Nous commencerons par ce qui se trouve à la fin du texte évangélique. Le jeune homme s'en va contristé «*car il avait de grands biens*».

Assurément, cette phrase se réfère aux biens matériels dont le jeune homme était le propriétaire ou l'héritier. Peut-être est-ce là une situation propre à quelques-uns seulement, et elle n'est pas typique. C'est pourquoi les mots de l'évangéliste suggèrent une autre manière d'aborder le problème: *il s'agit du fait que la jeunesse en elle-même* (indépendamment de tout bien matériel) *est une richesse unique* de l'homme, d'un garçon ou d'une fille, et la plupart du temps elle est vécue par les jeunes comme une richesse spécifique. La plupart du temps, mais pas toujours et pas constamment, parce que le monde ne manque pas d'hommes qui pour diverses raisons ne font pas l'expérience de la jeunesse comme d'une richesse. Il faudra en reparler plus loin.

Il y a toutefois des raisons — et même *de nature objective* — pour considérer la jeunesse comme une richesse unique dont l'homme fait l'expérience justement dans cette période de sa vie. Celle-ci se distingue évidemment de la période de l'enfance (elle est précisément la sortie des années de l'enfance), comme elle se distingue aussi de la période de la pleine maturité. La période de la jeunesse, en effet, est *le moment* d'une découverte particulièrement *intense du « moi » humain,* des qualités et des capacités dont il est doué. En voyant se développer en son intériorité la personnalité d'un jeune homme ou d'une jeune fille, on découvre graduellement et par étapes successives *les possibilités spécifiques* et, en un sens, absolument uniques *d'une humanité concrète* dans laquelle s'inscrit pour ainsi dire tout *le projet de la vie à venir.* La vie se dessine comme la réalisation de ce projet: comme une « autoréalisation ».

Cela mériterait naturellement une explication selon divers points de vue; toutefois, pour l'exprimer brièvement, ce qui apparaît, c'est en vérité le profil et la forme de cette richesse qu'est la jeunesse. Et *cette richesse consiste à découvrir* et en même temps à *planifier, à choisir, à prévoir et à assumer les premières décisions personnelles,* qui auront de l'importance pour l'avenir dans la dimension strictement personnelle de l'existence humaine. En même temps, ces décisions ont une grande importance sociale. Le jeune homme de l'Evangile se trouvait précisément dans cette phase de l'existence, comme nous pouvons le déduire des questions mêmes qu'il pose dans le dialogue avec Jésus. C'est pourquoi ces paroles de la conclusion sur ses « grands biens », c'est-à-dire sur sa richesse, peuvent être entendues à juste titre dans ce sens-là: elles désignent la richesse qu'est la jeunesse elle-même.

Il faut cependant nous demander si cette richesse qu'est la jeunesse doit éloigner l'homme du Christ. Assurément, l'évangéliste ne dit pas cela; l'examen du texte permet plutôt de conclure autrement. En définitive, seules les richesses extérieures ont pesé sur sa décision de s'éloigner du Christ, c'est-à-dire « les biens », *ce que le jeune homme possédait. Non pas ce qu'il était!* Ce qu'il était, précisément en tant que jeune homme — c'est-à-dire la richesse intérieure qui se cache dans la jeunesse humaine —, cela l'avait conduit à Jésus. Et cela l'avait amené aussi à poser cette question où il s'agit, de la manière la plus évidente, *du projet de toute la vie.* Que dois-je faire? « Que dois-je faire pour avoir la vie éternelle? ». Que dois-je faire *afin que ma vie* ait toute *sa valeur* et tout *son sens?*

La jeunesse de chacun de vous, chers amis, est une richesse qui se manifeste *précisément par ces questions.* Elles demeurent tout au long de la vie d'un homme; cependant, dans sa jeunesse, elles s'imposent *d'une façon particulièrement intense,* même insistante. Et il est bon qu'il en soit ainsi. Ces interrogations manifestent justement le dynamisme du développement de la personnalité humaine, qui est caractéristique de votre âge. Ces questions, vous vous les posez parfois avec impatience, mais vous comprenez aussi de vous-mêmes que la réponse à leur donner ne peut être ni hâtive ni superficielle. Elle doit avoir le poids qui convient et être déterminante. Il s'agit *d'une réponse qui concerne toute la vie,* qui rassemble en elle-même toute l'existence humaine.

C'est d'une manière toute particulière que ces questions essentielles se posent à ceux de vos camarades dont la vie est *marquée par la souffrance* dès leur jeunesse: par certaines insuffisances physiques, certaines déficiences, certaines limites ou certains *handicaps,* par une situation familiale ou sociale difficile. Si avec tout cela leur conscience se développe normalement, l'interrogation sur le sens et la valeur de la vie devient pour eux d'autant plus essentielle et en même temps *particulièrement dramatique,* car dès le début elle porte la marque de la douleur dans l'existence. Et combien n'y en a-t-il pas de ces jeunes au milieu de la grande multitude des jeunes du monde entier, dans les diverses nations et toute la société, dans les familles! Combien n'y en a-t-il pas qui, dès leur jeunesse, sont contraints à vivre dans une institution spécialisée ou un hôpital, condamnés à une certaine passivité qui peut faire naître en eux le sentiment d'être inutiles pour l'humanité!

Peut-on dire alors que pour eux aussi la jeunesse est une richesse intérieure? A qui devons-nous le demander? A qui doivent-ils eux-mêmes poser cette question essentielle? Le Christ apparaît ici comme l'unique interlocuteur qui convient, celui que personne ne peut complètement remplacer.

4. Le Christ répond à son jeune interlocuteur dans l'Evangile. Il lui dit: « *Nul n'est bon que Dieu seul* ». Nous avons déjà entendu ce que l'autre lui avait demandé: « Bon Maître, que dois-je faire pour avoir la vie éternelle? ». Comment agir pour que ma vie ait un sens, tout son sens et toute sa valeur? Nous pourrions traduire sa question dans le langage de notre époque. Dans ce contexte, la réponse du Christ veut dire: *seul Dieu* est le *fondement ultime de toutes les valeurs*; Lui seul *donne son sens décisif* à notre existence humaine.

Dieu seul est bon, ce qui signifie qu'en lui, et en lui seul, toutes les valeurs ont leur source première et leur accomplissement dernier: il est « l'Alpha et l'Omega, le Principe et la Fin ».[11] En lui seul les valeurs trouvent leur authenticité et leur confirmation décisive. *Sans lui* — sans la référence à Dieu —, tout le monde des valeurs créées reste comme en suspens *dans un vide* absolu. Il perd aussi sa transparence, il n'exprime plus rien. Le mal se présente comme bien et le bien est disqualifié. Cela ne nous est-il pas montré par l'expérience de notre époque, là où Dieu a été écarté de l'horizon lorsqu'on évalue, lorsqu'on apprécie, lorsqu'on agit?

Pourquoi Dieu seul est-il bon? *Parce qu'il est amour*. Le Christ donne cette réponse par les paroles de l'Evangile et, par-dessus tout, par le témoignage de sa vie et de sa mort: « Car Dieu a tant aimé le

[11] *Ap* 21, 6.

monde qu'il a donné son Fils unique ».[12] Dieu est bon précisément parce qu'il « est amour ».[13]

L'interrogation sur la valeur, l'interrogation sur le sens de la vie — nous l'avons dit — fait partie de la richesse particulière de la jeunesse. Elle découle *du cœur même des richesses et des inquiétudes* liées à ce projet de vie qu'il faut assumer et accomplir. Plus encore quand la jeunesse connaît l'épreuve de la souffrance personnelle ou prend une profonde conscience de la souffrance des autres; quand elle fait l'expérience d'un ébranlement profond face au mal multiforme qui est dans le monde; enfin quand elle se trouve face à face avec le mystère du péché, de l'iniquité humaine (*mysterium iniquitatis*).[14] La réponse du Christ se fait entendre ainsi: « Nul n'est bon que Dieu seul »; seul Dieu est amour. Cette réponse peut paraître difficile, mais en même temps elle est ferme et vraie: *elle porte en elle-même la solution définitive.* Comme je prie, amis jeunes, afin que vous entendiez cette réponse du Christ d'une manière vraiment personnelle, afin que vous trouviez la voie intérieure pour la comprendre, pour l'accepter et pour entreprendre sa réalisation!

Ainsi se présente le Christ dans la conversation avec le jeune homme. Ainsi se présente-t-il dans le dialogue avec chacun et chacune de vous. Quand vous lui dites: « Bon Maître ... », il demande: « Pourquoi m'appelles-tu bon? Nul n'est bon que Dieu seul ». Par conséquent, le fait que je sois bon *rend témoignage*

[12] *Jn* 3, 16.
[13] *1 Jn* 4, 8. 16.
[14] Cf. *2 Th* 2, 7.

à Dieu. « Qui me voit, voit le Père ».[15] Ainsi parle le Christ, maître et ami, le Christ crucifié et ressuscité: le même toujours, hier, aujourd'hui et pour les siècles.[16]

Tel est le cœur, *le point essentiel* de la réponse à ces questions que vous, les jeunes, vous lui posez en fonction de la richesse qui est en vous, qui s'enracine dans votre jeunesse. Elle ouvre devant vous diverses perspectives, elle vous propose comme tâche le projet de toute votre vie. De là, l'interrogation sur les valeurs; de là, la question sur le sens, sur la vérité, sur le bien et sur le mal. Quand le Christ, en vous répondant, vous demande de rapporter tout cela à Dieu, en même temps il vous *montre* où se trouve *en vous-mêmes la source et le fondement*: chacun de vous, en effet, est *image et ressemblance de Dieu* par le fait même de la création.[17] C'est justement *cette image et cette ressemblance* qui vous font poser ces questions que vous devez vous poser. Elles montrent à quel point *l'homme sans Dieu ne peut se comprendre lui-même,* et qu'il ne peut pas non plus *s'accomplir* sans Dieu. Jésus Christ est venu dans le monde avant tout pour rendre chacun de nous conscient de cela. Sans lui, cette dimension fondamentale de la vérité sur l'homme s'enfoncerait aisément dans l'obscurité. Cependant, « la lumière est venue dans le monde »,[18] « et les ténèbres ne l'ont pas saisie ».[19]

[15] *Jn* 14, 9.
[16] Cf. *He* 13, 8.
[17] Cf. *Gn* 1, 26.
[18] *Jn* 3, 19; cf. 1, 9.
[19] *Jn* 1, 5.

5. Que dois-je faire pour que ma vie ait une valeur, pour qu'elle ait un sens? Cette question passionnante s'exprime ainsi dans la bouche du jeune homme de l'Evangile: « *Que dois-je faire pour avoir la vie éternelle?* ». Un homme qui pose la question sous cette forme parle-t-il un langage encore compréhensible aux hommes d'aujourd'hui? Ne sommes-nous pas la génération pour laquelle *le monde et le progrès temporel* occupent totalement l'horizon de l'existence? Nous pensons avant tout suivant les catégories terrestres. Si nous sortons des limites de notre planète, nous le faisons pour entreprendre des vols interplanétaires, pour émettre des signaux destinés aux autres planètes et envoyer dans leur direction des sondes cosmiques.

Tout ceci est devenu *le contenu* de notre *civilisation moderne*. La science alliée à la technique a découvert de manière incomparable les possibilités de l'homme face à la matière, et, d'autre part, elle a réussi à *dominer le monde intérieur* de sa pensée, de ses capacités, de ses tendances, de ses passions.

Mais en même temps, il est clair que lorsque nous nous plaçons *devant le Christ,* quand il devient le confident des interrogations de notre jeunesse, *nous ne pouvons pas poser la question autrement* que le jeune homme de l'Evangile: « Que dois-je faire pour avoir la vie éternelle? ». Toute autre question sur le sens et sur la valeur de notre vie serait, face au Christ, insuffisante et secondaire.

Le Christ, en effet, n'est pas seulement le « bon maître », qui indique la voie de la vie sur la terre. Il est *le témoin* de ce *destin ultime* que l'homme a en Dieu même. Il est le témoin de *l'immortalité* de l'homme. L'Evangile, qu'il annonçait par sa voix, est scellé définitivement par la Croix et par la Résurrection dans le mystère pascal. « Le Christ une fois ressuscité des morts ne meurt plus, la mort n'exerce plus de pouvoir sur lui ».[20] Par *sa résurrection,* le Christ est aussi devenu le « signe de contradiction »[21] permanent, face à tous les projets incapables de conduire l'homme *au-delà de la frontière de la mort.* Bien plus, ces projets arrêtent à cette limite toute interrogation de l'homme sur la valeur et le sens de la vie. Face à tous ces projets, aux conceptions du monde et aux idéologies, le Christ répète constamment: « *Je suis la résurrection et la vie* ».[22]

Donc si tu veux, cher frère et chère sœur, parler avec le Christ en accueillant toute la vérité de son témoignage, tu dois d'un côté « *aimer le monde* » — « Car Dieu a tant aimé le monde qu'il a donné son Fils unique » [23] — et en même temps tu dois *parvenir au détachement* intérieur à l'égard de toute cette réalité riche et passionnante qu'est « le monde ». Il faut te décider à poser *la question de la vie éternelle.* En effet, « elle passe, la figure de ce monde »,[24] et chacun de nous connaîtra son passage. L'homme naît avec la *perspective* du jour de sa mort, dans la dimension du monde visible; en même temps, l'homme, dont la raison d'être intime est de se vaincre lui-même, porte en lui aussi tout ce par quoi *il est le vainqueur du monde.*

[20] *Rm* 6, 9.
[21] *Lc* 2, 34.
[22] *Jn* 11, 25.
[23] *Jn* 3, 16.
[24] *1 Co* 7, 31.

Tout ce par quoi l'homme est en soi-même vainqueur du monde — bien qu'enraciné en lui — s'explique par l'image et la ressemblance de Dieu, inscrite dans l'être humain dès le commencement. Et tout ce par quoi l'homme est vainqueur du monde *non seulement justifie l'interrogation sur la vie éternelle,* mais la rend véritablement indispensable. Telle est la question que se posent les hommes depuis longtemps, non seulement dans les milieux chrétiens mais aussi à l'extérieur. Il vous faut aussi trouver le courage de la poser comme le jeune homme de l'Evangile. Le christianisme nous apprend à *comprendre le temps dans la perspective du Règne de Dieu,* dans la perspective de la vie éternelle. Sans elle, la temporalité, même la plus riche, même la plus élaborée sous tous ses aspects, n'apporte finalement rien d'autre à l'homme que l'inéluctable nécessité de la mort.

Or il y a *une antinomie entre la jeunesse et la mort.* La mort semble éloignée de la jeunesse. C'est vrai. Cependant parce que la jeunesse signifie le projet de toute la vie, projet bâti suivant les critères du sens et de la valeur, *la question sur la fin* est inévitable même au temps de la jeunesse. Laissée à elle-même, l'expérience humaine dit la même chose que la Sainte Ecriture: « Les hommes ne meurent qu'une fois ».[25] L'auteur inspiré ajoute: « Après quoi il y a un jugement ».[26] Et le Christ dit: « *Je suis la résurrection et la vie.* Qui croit en moi, même s'il meurt, vivra; et quiconque vit et croit en moi ne mourra jamais ».[27] Demandez donc au Christ, comme

[25] *He* 9, 27.
[26] *Ibidem.*
[27] *Jn* 11, 25-26.

le jeune homme de l'Evangile: « Que dois-je faire pour avoir la vie éternelle? ».

MORALE ET CONSCIENCE

6. A cette question, Jésus répond: « *Tu connais les commandements* », et aussitôt il énonce ces commandements, qui font partie du Décalogue. Un jour Moïse les reçut sur le mont Sinaï, au moment *de l'Alliance de Dieu* avec Israël. Ils furent inscrits sur des tables de pierre [28] et ils constituaient pour tout israélite un guide sur sa route chaque jour.[29] Le jeune homme qui parle avec le Christ *connaît* naturellement par cœur les commandements du Décalogue; il peut donc affirmer avec joie: « Tout cela, je l'ai observé dès ma jeunesse ».[30]

Nous pouvons le supposer, dans le dialogue que le Christ mène avec chacun de vous, les jeunes, *la même question est répétée: « Connais-tu les commandements »*? Et elle sera répétée immanquablement, car les commandements font partie de l'Alliance entre Dieu et l'humanité. Les commandements définissent les fondements essentiels du comportement, ils déterminent *la valeur morale des actes humains,* ils restent en rapport organique avec la vocation de l'homme à la vie éternelle, avec l'instauration du Règne de Dieu dans les hommes et entre eux. Dans la parole de la Révélation divine, *le code de la moralité* est inscrit clairement, les tables du Décalogue du mont Sinaï en demeurent le point de référence et son som-

[28] Cf. *Ex* 34, 1; *Dt* 9, 10; *2 Co* 3, 3.
[29] Cf. *Dt* 4, 5-9.
[30] *Mc* 10, 20.

met se trouve dans l'Evangile: le Discours sur la montagne [31] et *le commandement de l'amour.*[32]

Ce code de la moralité revêt en même temps une autre forme. Il est inscrit *dans la conscience morale de l'humanité,* au point que ceux qui ne connaissent pas les commandements, c'est-à-dire la loi révélée par Dieu, « se tiennent à eux-mêmes lieu de loi ».[33] Ainsi s'exprime saint Paul dans la *Lettre aux Romains,* et il ajoute aussitôt: « Ils montrent la réalité de cette loi *inscrite en leur cœur,* à preuve le témoignage de leur conscience ».[34]

Nous touchons là à des problèmes d'une importance capitale pour votre jeunesse et pour le projet de vie qui y apparaît.

Ce projet s'insère dans la perspective de la vie éternelle avant tout *grâce à la vérité des actes* sur lesquels il sera bâti. La vérité des actes se fonde sur ce double lieu de la loi morale; ce qui est écrit sur les tables du Décalogue de Moïse et dans l'Evangile, et ce qui se trouve gravé dans la conscience morale de l'homme. *Et la conscience « se présente comme témoin » de cette loi,* comme l'écrit saint Paul. Cette conscience, suivant les termes de la *Lettre aux Romains,* ce sont « les jugements intérieurs de blâme ou d'éloge qu'ils portent les uns sur les autres ».[35] Chacun sait bien que ces paroles correspondent profondément à notre réalité intérieure: chacun de nous, dès sa jeunesse, a l'expérience de cette voix de la conscience.

Donc, lorsque Jésus, dans le dialogue avec le jeune

[31] Cf. *Mt* 5-7.
[32] Cf. *Mt* 22, 37-40; *Mc* 12, 29-31; *Lc* 10, 27.
[33] *Rm* 2, 14.
[34] *Rm* 2, 15.
[35] *Ibidem.*

homme, énonce les commandements: « Ne tue pas, ne commets pas d'adultère, ne vole pas, ne porte pas de faux témoignage, ne fais pas de tort, honore ton père et ta mère »,[36] la *conscience* droite répond en réagissant intérieurement aux différents actes de l'homme: elle *accuse ou défend.* Mais il faut que la conscience ne soit pas déviée; il faut que la formulation fondamentale des principes moraux ne cède pas *à la déformation* qu'entraîne tout relativisme ou tout utilitarisme.

Chers amis jeunes! La réponse que Jésus donne à son interlocuteur de l'Evangile s'adresse à chacun et à chacune de vous. Le Christ demande *à quel point vous en êtes de votre discernement moral,* et il demande en même temps *à quel point vous en êtes dans votre conscience.* C'est là une question clé pour l'homme: c'est l'interrogation fondamentale de votre jeunesse, qui compte pour tout le projet de votre vie, lequel précisément doit prendre forme au cours de la jeunesse. Sa valeur est étroitement liée à la position que chacun de vous prend face *au bien et au mal moral.* La valeur de ce projet dépend essentiellement de l'authenticité et de la rectitude de votre conscience, et aussi de sa *sensibilité.*

Ainsi nous parvenons à un point crucial, où, à chaque pas, le temps et l'éternité se rencontrent à un niveau qui est propre à l'homme. C'est le niveau de la conscience, *le niveau des valeurs morales,* et c'est là la dimension la plus importante du temps et de l'histoire. L'histoire, en effet, ce ne sont pas seulement les événements qui l'écrivent, en quelque sorte « de

[36] *Mc* 10, 19.

l'extérieur », mais elle est écrite avant tout « de l'intérieur »: elle est *l'histoire des consciences humaines,* des victoires ou des défaites morales. C'est là aussi que la grandeur essentielle de l'homme trouve son fondement: sa dignité authentiquement humaine. C'est là le trésor intérieur, grâce auquel l'homme *ne cesse de se vaincre lui-même* et s'oriente vers l'éternité. S'il est vrai que « les hommes ne meurent qu'une fois », il est vrai aussi que le trésor de la conscience, le dépôt du bien et du mal, l'homme l'emporte au-delà de la frontière de la mort, afin que, *face à face avec Celui qui est la sainteté même,* il découvre la vérité ultime et définitive sur toute sa vie: « Après quoi il y a un jugement ».[37]

C'est justement cela qui advient dans la conscience: dans la vérité intérieure de nos actes, en un sens, la dimension de la vie éternelle est constamment présente. Et simultanément la même conscience, par les valeurs morales, marque de son sceau le plus significatif la vie des générations, l'histoire et la culture des milieux humains, des sociétés, des nations et de toute l'humanité.

Et dans ce domaine, ce qui dépend de chacun et de chacune de vous est immense!

« Jésus fixa sur lui son regard et l'aima »

7. En poursuivant l'examen du dialogue du Christ avec le jeune homme, nous entrons à présent dans une autre *phase.* Elle est *nouvelle et décisive.* Le jeune homme a reçu la réponse essentielle et fondamentale

[37] *He* 9, 27.

à la question: « Que dois-je faire pour avoir la vie éternelle? », et cette réponse s'accorde avec toute la route de sa vie, telle qu'il l'a déjà parcourue: « Tout cela, je l'ai observé dès ma jeunesse ». Avec quelle ardeur je souhaite à chacun de vous que *la route de votre vie, déjà parcourue, s'harmonise* de même *avec la réponse du Christ!* Je souhaite également que la jeunesse vous apporte une base solide de principes sains, que votre conscience parvienne, dès ces années de la jeunesse, à cette transparence et cette maturité qui dans la vie permettront à chacun de vous de rester toujours « une personne de conscience », « une personne fidèle aux principes », « une personne *qui inspire confiance* », c'est-à-dire qui est crédible. La personnalité morale ainsi formée constitue également la contribution la plus importante que vous puissiez donner à la *vie communautaire,* à la famille, à la société, à l'activité professionnelle et aussi à l'activité culturelle ou politique, et, enfin, à la communauté de l'Eglise elle-même à laquelle vous êtes ou vous serez un jour attachés.

Il s'agit ici à la fois d'une authenticité intégrale et profonde de toute l'humanité et de cette même *authenticité* dans le développement *de la personnalité humaine,* féminine ou masculine, avec toutes les caractéristiques qui tracent les traits uniques de cette personnalité, et en même temps provoquent de multiples résonances dans la vie de la communauté et du milieu, en commençant par la famille. Chacun de vous doit de quelque manière contribuer à la *richesse* de cette *communauté,* avant tout *par ce qu'il est.* N'est-ce pas dans cette direction que s'ouvre cette jeunesse qui est la richesse « personnelle » de chacun de vous? L'homme se déchiffre lui-même, il déchiffre sa propre humanité, y voyant à la fois son *monde intérieur* et le *terrain* propre *de l'être « avec les autres », « pour les autres »*.

C'est là précisément que les commandements du Décalogue et de l'Evangile prennent un sens décisif, spécialement *le commandement de l'amour* qui ouvre l'homme à Dieu et à son prochain. La charité, en effet, est « le lien de la perfection ».[38] C'est par elle que mûrissent en plénitude l'homme et *la fraternité entre les hommes.* C'est pourquoi *l'amour* est le plus grand,[39] il est le premier de tous les commandements, comme l'enseigne le Christ; [40] en lui aussi tous les autres sont contenus et unifiés.

Je souhaite donc à chacun de vous que la route de votre jeunesse rencontre celle du Christ, afin que vous puissiez confirmer devant lui, *avec le témoignage de votre conscience,* ce code évangélique de la morale dont tant d'hommes de grande qualité spirituelle ont approché les valeurs d'une certaine manière au cours des générations.

Ce n'est pas ici le lieu de citer les témoignages qui confirment cela tout au long de l'histoire de l'humanité. Il est certain que dès les époques les plus anciennes, *la voix de la conscience* tourne tout sujet humain vers une norme morale objective qui s'exprime concrètement par le respect de la personne de l'autre et par le principe de ne pas lui faire ce que nous ne voulons pas que l'on nous fasse.[41]

[38] *Col* 3, 14.

[39] Cf. *1 Co* 13, 13.

[40] Cf. *Mt* 22, 38.

[41] « La loi morale — a fait dire Confucius — n'est pas loin de nous... L'homme sage ne se trompe guère en ce qui concerne la loi morale. Il a pour principe: ne faites pas aux autres ce que

Nous voyons déjà là s'exprimer clairement cette morale objective dont saint Paul affirme qu'elle est « inscrite dans les cœurs » et qu'elle est confirmée par « le témoignage de la conscience ».[42] Le chrétien y distingue aisément le rayonnement du Verbe créateur qui éclaire tout homme,[43] et précisément parce qu'il est le disciple de ce Verbe fait chair, il s'élève jusqu'à la loi supérieure de l'Evangile qui *positivement lui ordonne* — par le commandement de l'amour — de faire à son prochain *tout le bien* qu'il veut qu'on lui fasse. Il confirme ainsi ce que lui suggère la voix intime de sa conscience en donnant une adhésion absolue au Christ et à sa parole.

Une fois discernés les problèmes essentiels et importants pour votre jeunesse et pour le projet de toute la vie qui se trouve devant vous, je vous souhaite de connaître l'expérience de ce que dit l'Evangile: « *Jésus fixa sur lui son regard et l'aima* ». Je vous souhaite de connaître un tel regard! Je vous souhaite de faire l'expérience qu'en vérité, lui, le Christ, vous regarde avec amour!

Il regarde tout homme avec amour. L'Evangile

vous ne voulez pas que les autres vous fassent » (*Tchung-Yung, Le juste milieu,* 13). Un ancien maître japonais (Dengyō Daishi, appelé aussi Saicho, qui a vécu entre 767 et 822 ap. J.C.) exhorte à être « oublieux de soi-même, bon pour les autres, parce que là se trouve le sommet de l'amitié et de la compassion » (cf. W. Th. De Bary, *Sources of Japanese Tradition,* New York 1958, vol. I, p. 127). Et comment ne pas rappeler le Mahatma Gandhi, lui qui a prêché la « force de la vérité » (satyagraha) qui obtient la victoire sans violence, par le dynamisme même qui ressort de l'action juste?

42 Cf. *Rm* 2, 15.

43 Cf. *Jn* 1, 9; Conc. Œcum. Vat. II, Déclaration sur les relations de l'Eglise avec les religions non chrétiennes *Nostra aetate,* n. 2.

le confirme sans cesse. On peut dire aussi que ce « regard aimant » du Christ résume et synthétise en quelque sorte toute *la Bonne Nouvelle.* Si nous cherchons l'origine de ce regard, il faut que nous revenions en arrière, au *Livre de la Genèse,* à cet instant où, après la création de l'homme, créé « homme et femme », *Dieu vit* que « cela était très bon ».[44] Ce tout premier regard du Créateur se reflète dans le regard du Christ qui accompagne le dialogue avec le jeune homme de l'Evangile.

Nous savons que *le Christ confirmera* et scellera ce regard *par le sacrifice rédempteur de la Croix,* car c'est justement par ce sacrifice que ce « regard » a atteint une particulière profondeur dans l'amour. Il contient *une affirmation de l'homme et de l'humanité* dont lui seul est capable, lui, le Christ, Rédempteur et Epoux. Lui seul « connaît ce qu'il y a dans l'homme »:[45] il connaît sa *faiblesse,* mais il connaît aussi et par-dessus tout sa *dignité.*

Je souhaite à chacun et à chacune de vous de découvrir ce *regard* du Christ, et d'en faire l'expérience jusqu'au bout. Je ne sais à quel moment de votre vie. Je pense que cela se produira au moment le plus nécessaire: peut-être au temps de la souffrance, peut-être à l'occasion du témoignage d'une conscience pure, comme dans le cas de ce jeune homme de l'Evangile, ou *peut-être* justement dans une situation opposée, *quand s'impose le sens de la faute,* le remords de la conscience: le Christ regarda Pierre à l'heure de sa chute, après qu'il eut renié son Maître par trois fois.[46]

[44] *Gn* 1, 31.
[45] Cf. *Jn* 2, 25.
[46] Cf. *Lc* 22, 61.

Il est nécessaire à l'homme, *ce regard aimant*: il lui est nécessaire de se savoir aimé, *aimé éternellement* et choisi de toute éternité.[47] En même temps, cet amour éternel manifesté par l'élection divine accompagne l'homme au long de sa vie comme le regard d'amour du Christ. Et peut-être surtout *au temps de l'épreuve, de l'humiliation, de la persécution, de l'échec,* alors que notre humanité est comme abolie aux yeux des hommes, outragée et opprimée: savoir alors que le Père nous a toujours aimés en son Fils, que le Christ aime chacun en tout temps, cela devient *un solide point d'appui* pour toute notre existence humaine. Quand tout nous conduit à douter de nous-mêmes et du sens de notre vie, ce regard du Christ, c'est-à-dire *la prise de conscience de l'amour* qui est en lui et qui s'est montré plus puissant que tout mal et que toute destruction, cette prise de conscience nous *permet de survivre.*

Je vous souhaite donc de faire la même expérience que le jeune homme de l'Evangile: « Jésus fixa sur lui son regard et l'aima ».

« Suis-moi »

8. De l'examen du texte évangélique il ressort que ce regard fut, pour ainsi dire, la réponse du Christ au témoignage que le jeune homme avait donné de sa vie jusqu'à ce moment, c'est-à-dire de sa fidélité aux commandements de Dieu: « Tout cela, je l'ai observé dès ma jeunesse ».

En même temps, ce « regard d'amour » fut une *introduction* à la dernière phase de la conversation.

[47] Cf. *Ep* 1, 4.

Selon le texte de Matthieu, ce fut le jeune homme lui-même qui ouvrit cette phase, car non seulement il affirma que la fidélité à observer les commandements du Décalogue avait caractérisé toute sa conduite antérieure, mais il posa également une nouvelle question. Il demanda en effet: « Que me manque-t-il encore? ».[48]

Cette question est très importante. Elle montre que dans la conscience morale de l'homme, et en particulier de l'homme jeune qui forme le projet de toute sa vie, il y a une *aspiration à « quelque chose de plus »*. Cette aspiration se manifeste de diverses manières, et nous pouvons la reconnaître aussi chez les hommes qui semblent éloignés de notre religion.

Parmi les disciples des religions non chrétiennes, surtout du Bouddhisme, de l'Hindouisme et de l'Islam, nous rencontrons, depuis des millénaires déjà, des foules de « spirituels » qui souvent quittent tout dès leur jeunesse pour adopter un état de pauvreté et de pureté à la recherche de l'Absolu qui se trouve au-delà de l'apparence des choses sensibles: ils s'efforcent d'entrer dans un état de liberté parfaite, ils se réfugient en Dieu avec amour et confiance, ils cherchent à se soumettre de toute leur âme à ses décrets cachés. Ils sont comme poussés par une voix intérieure mystérieuse qui retentit en leur esprit, faisant écho en quelque sorte à la parole de saint Paul: « Elle passe, la figure de ce monde »,[49] une voix qui les conduit à la recherche de choses plus grandes et plus durables: « Recherchez les choses

[48] *Mt* 19, 20.
[49] *1 Co* 7, 31.

d'en haut ».[50] Ils tendent au but de toutes leurs forces; par un sérieux apprentissage, ils s'efforcent de purifier leur esprit, parvenant parfois à faire de leur vie un don d'amour à la divinité. Ce faisant, ils se dressent comme un exemple vivant pour leurs contemporains, devant qui ils illustrent par leur conduite même le primat des valeurs éternelles sur les valeurs fugitives et parfois ambiguës qu'offre la société où ils vivent.

Mais c'est l'Evangile qui représente un point d'appui tout à fait clair pour l'aspiration à la perfection, à « quelque chose de plus ». Dans le Discours sur la montagne, le Christ confirme toute la loi morale, au centre de laquelle se trouvent les tables mosaïques des dix commandements; en même temps, cependant, il confère à ces commandements *un sens* nouveau, *évangélique*. Et tout est ordonné — comme on l'a déjà dit — *autour de l'amour,* non seulement *en tant que commandement,* mais aussi *comme don*: « L'amour de Dieu a été répandu dans nos cœurs par le Saint-Esprit qui nous fut donné ».[51]

C'est dans ce contexte nouveau que l'on peut aussi comprendre le programme des *huit béatitudes,* qui ouvre le Discours sur la montagne dans l'Evangile selon Matthieu.[52]

Dans ce contexte, l'ensemble des commandements qui constituent le code fondamental de la morale chrétienne se trouve complété *par l'ensemble des conseils évangéliques,* qui exprime et concrétise d'une

[50] *Col* 3, 1.
[51] *Rm* 5, 5.
[52] Cf. *Mt* 5, 3-12.

manière particulière l'appel du Christ à la perfection, qui est un appel à la sainteté.

Quand le jeune homme demande quelque chose « de plus »: « Que me manque-t-il encore? », Jésus le regarde avec amour, et cet amour prend ici un sens nouveau. L'homme est *entraîné* intérieurement, par l'Esprit Saint, *d'une vie selon les commandements à une vie consciente du don,* et le regard plein d'amour du Christ exprime ce « passage » intérieur. Et Jésus dit: « Si tu veux être parfait, va, vends ce que tu possèdes et donne-le aux pauvres, et tu auras un trésor dans les cieux; puis viens, sois-moi ».[53]

Oui, chers jeunes, mes amis! L'homme, le chrétien, est *capable de vivre la dimension du don.* Et même cette dimension est non seulement « *supérieure* » à la dimension des seules obligations morales exprimées par les commandements, mais elle est aussi « *plus profonde* » qu'elles et plus fondamentale. Elle manifeste une expression plus riche du projet de vie que nous contruisons dès la jeunesse. La dimension du don crée aussi *la stature adulte* de toute *vocation* humaine et chrétienne, comme il sera dit par la suite.

Pour le moment, je voudrais toutefois vous parler *du sens particulier* des paroles que le Christ a dites au jeune homme. Et je le fais avec la conviction que le Christ les adresse par l'Eglise à *quelques-uns* de ses *jeunes* interlocuteurs de toutes les générations. De la nôtre aussi. Ces paroles-là indiquent alors une vocation particulière dans la communauté du Peuple de Dieu. L'Eglise retrouve le « *suis-moi* »

[53] *Mt* 19, 21.

du Christ[54] à l'origine de tout appel *au service du sacerdoce ministériel,* lié simultanément dans l'Eglise catholique de rite latin au choix conscient et libre du célibat. L'Eglise retrouve le même « suis-moi » du Christ *à l'origine de la vocation religieuse,* où, par la profession des conseils évangéliques (chasteté, pauvreté et obéissance), un homme ou une femme adopte le programme de vie *que le Christ lui-même a réalisé* sur la terre, *pour le Règne de Dieu.*[55] En prononçant les vœux religieux, ces personnes s'engagent à donner un témoignage particulier de l'amour de Dieu, supérieur à tout, et également de l'appel à l'union avec Dieu dans l'éternité qui s'adresse *à tous.* Il faut cependant que *quelques-uns* en donnent, devant les autres, un témoignage exceptionnel.

Je m'en tiens à évoquer seulement ces sujets dans la présente lettre, car ils ont été déjà exposés amplement ailleurs et à plusieurs reprises.[56] Je les rappelle parce que dans le contexte du dialogue du Christ avec le jeune homme *ils reçoivent un éclairage particulier,* spécialement le thème de la pauvreté évangélique. Je les évoque aussi parce que l'appel du Christ, « suis-moi », précisément dans ce sens exceptionnel et charismatique, se fait entendre le plus souvent *dès la jeunesse;* et parfois cela se produit même dès l'enfance.

C'est pourquoi je voudrais vous dire, à vous tous les jeunes, en ce moment important du développement de votre personnalité masculine ou féminine: si *un tel appel* surgit dans ton cœur, ne le fais pas

[54] Cf. *Mc* 10, 21; *Jn* 1, 43; 21, 23.
[55] Cf. *Mt* 19, 12.
[56] Cf. par exemple JEAN-PAUL II, Exhortation apost. *Redemptionis donum: AAS* 76 (1984), pp. 513-546.

taire! *Laisse-le se développer jusqu'à la maturité d'une vocation!* Prends ta part dans son développement, par la prière et la fidélité aux commandements! « La moisson est abondante ».[57] Il est vraiment nécessaire que l'appel du Christ parvienne à beaucoup: « Suis-moi ». Il y a un énorme *besoin de prêtres* selon le cœur de Dieu — et l'Eglise et le monde d'aujourd'hui ont un énorme besoin *du témoignage de vies données sans réserve à Dieu*: du témoignage de cet amour du Christ lui-même, l'Epoux, qui rende présent d'une manière particulière parmi les hommes le Règne de Dieu et le rapproche du monde.

Permettez-moi, par conséquent, de compléter encore les paroles du Christ Seigneur *sur la moisson qui est abondante*. Oui, elle est abondante, cette moisson de l'Evangile, cette moisson du salut! ... « Mais les ouvriers sont peu nombreux! ». Peut-être cela est-il ressenti plus aujourd'hui que par le passé, spécialement dans certains pays, et aussi dans certains Instituts de vie consacrée et autres Sociétés de ce genre.

« *Priez donc le Maître de la moisson d'envoyer des ouvriers* à sa moisson »,[58] poursuit le Christ. Et ces paroles, spécialement à notre époque, deviennent un thème de prière et d'action en faveur des vocations sacerdotales et religieuses. Dans cette intention, *l'Eglise se tourne vers vous, vers les jeunes*. Vous aussi: demandez! Et si le fruit de cette prière de l'Eglise germe au plus profond de votre cœur, écoutez le Maître vous dire: « Suis-moi ».

[57] *Mt* 9, 37.
[58] *Mt* 9, 37-38.

Le projet de vie et la vocation chrétienne

9. Ces paroles de l'Evangile concernent assurément la vocation sacerdotale ou religieuse; en même temps, cependant, elles nous permettent de comprendre plus profondément *le problème de la vocation* en un *sens encore plus large et plus fondamental.*

On pourrait parler ici de *la vocation « pour la vie »*, qui d'une certaine manière s'identifie avec le *projet de vie* que chacun de vous conçoit au temps de sa jeunesse. Toutefois, la « vocation » dit encore quelque chose de plus que le « projet ». Dans le second cas, je suis moi-même le sujet qui conçoit ce projet, et ceci correspond mieux à la réalité de la personne qu'est chacune de vous et chacun de vous. Ce *« projet » devient la « vocation »* lorsque se font entendre les divers facteurs qui *appellent.* Ces facteurs constituent d'habitude un certain ordre de valeurs (qu'on appelle aussi « hiérarchie des valeurs »), dont résulte un idéal à réaliser qui attire le cœur d'un jeune. Dans ce processus, la « vocation » devient « projet », et le projet commence aussi à être une vocation.

Cependant, du moment que nous nous trouvons *face au Christ* et que nous prenons pour base de notre réflexion sur la jeunesse son dialogue avec le jeune homme, il convient de préciser mieux encore ce rapport du « projet de vie » à la « vocation pour la vie ». L'homme est *une créature* et il est également un fils adoptif de Dieu dans le Christ: *il est fils de Dieu.* La question: « Que dois-je faire? », l'homme la pose alors pendant sa jeunesse non seulement à lui-même et aux autres hommes dont il peut attendre une réponse, particulièrement ses parents et ses éducateurs, mais il la *pose* aussi *à Dieu,* car il est *son créateur et son père.* Il la pose dans cet espace intérieur particulier où il a appris à être en relation intime avec Dieu, avant tout *dans la prière.* Il demande donc à Dieu: « Que dois-je faire? », quel est ton plan sur ma vie, ton plan de créateur et de père? *Quelle est ta volonté?* Je désire l'accomplir.

Dans un tel contexte le « projet » prend le sens d'une « vocation pour la vie », comme quelque chose qui est *confié* par Dieu à l'homme *comme une tâche.* Une personne jeune, rentrant en soi et aussi menant un dialogue avec le Christ dans la prière, désire pour ainsi dire *lire la pensée éternelle* qui est celle de Dieu, Créateur et Père, à son égard. Elle se convainc alors que la tâche qui lui est assignée par Dieu *est laissée* entièrement *à sa liberté,* et qu'elle est déterminée en même temps par diverses circonstances de nature intérieure et extérieure. En y réfléchissant, la personne jeune, garçon ou fille, construit son projet de vie et en même temps, *reconnaît* ce projet *comme la vocation à laquelle Dieu l'appelle.*

Je voudrais donc vous confier, à vous tous les jeunes qui êtes les destinataires de la présente lettre, cette tâche merveilleuse qui consiste à découvrir, devant Dieu, la vocation pour la vie de chacun de vous. Et c'est un travail passionnant. C'est *une tâche personnelle fascinante.* En accomplissant cette tâche, vous développez et vous faites croître votre humanité, tandis que votre jeune personnalité acquiert peu à peu sa maturité. Vous vous enracinez en ce qu'est chacun et chacune de vous, pour devenir *ce qu'il doit devenir: pour soi, pour les hommes, pour Dieu.*

Et parallèlement au processus de découverte de sa propre « vocation pour la vie », on devrait développer la prise de conscience de la façon dont cette vocation pour la vie est, en même temps, une « vocation chrétienne ».

Il faut remarquer ici que, dans la période antérieure au Concile Vatican II, le concept de « vocation » était appliqué *avant tout* au sacerdoce et à la vie religieuse, comme si le Christ n'avait prononcé son « suis-moi » à l'intention des jeunes que dans ces cas. *Le Concile a élargi* cette perspective. La vocation sacerdotale et religieuse a gardé son caractère particulier et son importance pour la vie sacramentelle et les charismes dans la vie du Peuple de Dieu. En même temps, cependant, *la conscience, renouvelée* par Vatican II, de la participation universelle de tous les baptisés à la triple mission du Christ (*tria munera*), prophétique, sacerdotale et royale, comme aussi la conscience *de la vocation universelle à la sainteté,*[59] ont pour conséquence que toute vocation pour la vie de l'homme en tant que vocation chrétienne correspond à l'appel évangélique. *Le « suis-moi » du Christ se fait entendre sur diverses routes,* au long desquelles cheminent les disciples et ceux qui confessent le divin Rédempteur. C'est de diverses manières que l'on peut devenir imitateur du Christ, c'est-à-dire *non seulement* en donnant un témoignage du Règne eschatologique de vérité et d'amour, *mais aussi* en s'employant à réaliser la transformation de toute la réalité temporelle selon l'esprit de l'Evan-

[59] Cf. CONC. ŒCUM. VAT. II, Constitution dogm. sur l'Eglise *Lumen gentium,* nn. 39-42.

gile.[60] Et c'est là que *l'apostolat des laïcs* trouve aussi son point de départ, lui qui est inséparable de l'essence même de la vocation chrétienne.

Ce sont là *des prémisses* extrêmement importantes pour le *projet de vie* qui correspond au dynamisme essentiel de votre jeunesse. Il faut que vous examiniez ce projet — indépendamment du contenu concret « pour la vie » qu'il aura — à la lumière des paroles adressées par le Christ au jeune homme de l'Evangile.

Il faut aussi que vous *repensiez,* en l'approfondissant réellement, le *sens du baptême et de la confirmation.* Il y a dans ces deux sacrements, en effet, le fondement de la vie et de la vocation chrétiennes. C'est à partir d'eux qu'on est amené à *l'Eucharistie,* elle qui contient la surabondance des dons sacramentels accordés au chrétien: toute la richesse de l'Eglise se concentre dans ce sacrement de l'amour. Il faut aussi — toujours en rapport avec l'Eucharistie — réfléchir à la question du *sacrement de pénitence,* lequel présente une importance irremplaçable pour la formation de la personnalité chrétienne, c'est-à-dire qu'il est, surtout si on y joint la direction spirituelle, *une école méthodique de vie intérieure.*

Sur tout cela, je m'exprime brièvement, même si chacun des sacrements de l'Eglise présente une *relation* précise et spécifique *avec la jeunesse* et avec les jeunes. Je suis certain que ce thème est traité de manière circonstanciée par d'autres, en particulier par les agents pastoraux expressément chargés de collaborer avec la jeunesse.

[60] Cf. CONC. ŒCUM. VAT. II, Constitution past. sur l'Eglise dans le monde de ce temps *Gaudium et spes,* nn. 43-44.

L'Eglise elle-même — comme l'enseigne le Concile Vatican II — est « *en quelque sorte le sacrement,* c'est-à-dire à la fois le signe et le moyen de l'union intime avec Dieu et de l'unité de tout le genre humain ».[61] Toute vocation pour la vie, comme *vocation* « chrétienne », *s'enracine dans la sacramentalité de l'Eglise*: elle prend donc forme grâce aux sacrements de notre foi. Ce sont eux qui nous permettent, dès notre jeunesse, d'ouvrir notre « moi » humain à l'action salvifique de Dieu, c'est-à-dire à l'action de la très sainte Trinité. Ils nous permettent *de participer à la vie de Dieu,* en vivant avec un maximum d'intensité une vie humaine authentique. De cette façon, cette vie humaine acquiert une dimension nouvelle et également son *originalité chrétienne*: la prise de conscience des exigences proposées à l'homme par l'Evangile est complétée par celle du don qui surpasse toute chose. « Si tu savais le don de Dieu »,[62] dit le Christ en parlant avec la Samaritaine.

« Le grand sacrement nuptial »

10. En partant de cet important arrière-plan qui enrichit le projet de vie de votre jeunesse en la liant au thème de la vocation chrétienne, je voudrais attirer l'attention avec vous, les jeunes, destinataires de la présente lettre, sur le problème qui, *en un sens, se trouve au centre de la jeunesse* de vous tous. C'est

[61] Conc. Œcum. Vat. II, Constitution dogm. sur l'Eglise *Lumen gentium,* n. 1.
[62] *Jn* 4, 10.

là un des problèmes qui sont au centre de la vie humaine et également un des thèmes essentiels de réflexion, de créativité et de culture. C'est aussi un des principaux thèmes bibliques, et personnellement j'y ai consacré beaucoup de réflexions et d'analyses. *Dieu a créé l'être humain, homme et femme,* introduisant ainsi dans l'histoire du genre humain la « dualité » avec *une entière parité,* si l'on pense à la dignité humaine, et avec *une merveilleuse complémentarité,* si l'on pense au partage des attributions, des qualités et des tâches, liées à la masculinité ou à la féminité de l'être humain.

Par conséquent, c'est là un thème qui de soi s'incrit dans le « moi » personnel de chacun et de chacune de vous. La jeunesse est la période où ce grand thème affecte dans l'expérience et dans la créativité *l'âme et le corps* de chaque fille et de chaque garçon, et il se manifeste dans la conscience des jeunes en même temps que la découverte fondamentale du « moi » dans toute la diversité de ses potentialités. Alors, à l'horizon qui s'ouvre pour un cœur de jeune, s'ébauche une expérience nouvelle: *l'expérience de l'amour* qui dès son origine doit être inscrite dans le projet de vie que la jeunesse crée et conçoit spontanément.

Et tout cela, en chaque cas, a les qualités d'une *expression* subjective irremplaçable, d'une *riche* affectivité, d'une *beauté* proprement métaphysique. En même temps, il y a en tout cela un *appel* puissant à ne pas fausser cette expression, à ne pas détruire cette richesse et à ne pas dégrader cette beauté. Soyez convaincus que cet appel vient *de Dieu lui-même,* lui qui a créé l'homme « à son image et à sa ressemblance » et justement l'a créé

« homme et femme ». Cet appel découle *de l'Evangile* et se fait entendre *par la voix de la conscience des jeunes,* pourvu qu'ils aient gardé leur simplicité et leur limpidité: « Heureux les cœurs purs, car ils verront Dieu ».[63] Oui, *à travers l'amour* qui naît en vous — et doit s'inscrire dans le projet de toute la vie — vous devez voir Dieu qui est amour.[64]

C'est pourquoi je vous demande *de ne pas rompre le dialogue avec le Christ* dans cette phase extrêmement importante de votre jeunesse; je vous demande même de vous y engager encore davantage. Quand le Christ dit « suis-moi », son appel *peut signifier*: « Je t'appelle à un autre amour encore »; *cependant très souvent il signifie*: « Suis-moi », suis-moi, moi l'Epoux de l'Eglise — de mon épouse...; viens, deviens toi aussi l'époux de ton épouse ..., deviens toi aussi l'épouse de ton époux. *Tous deux, participez* à ce mystère, *à ce sacrement,* dont la *Lettre aux Ephésiens* disait qu'il est grand: grand parce « qu'il s'applique au Christ et à l'Eglise ».[65]

Que vous suiviez également le Christ sur cette voie, a beaucoup de conséquences; ne vous écartez pas de lui au moment où vous vivez cette réalité que vous considérez à juste titre comme *le grand événement de votre cœur,* une réalité qui n'existe qu'en vous et entre vous. Je voudrais que vous croyiez et que vous vous convainquiez que cette grande réalité ne prend sa *dimension définitive qu'en Dieu,* qui est amour — en Dieu, qui dans l'unité absolue de sa divinité est également communion des personnes: Père,

[63] *Mt* 5, 8.
[64] Cf. *1 Jn* 4, 8. 16.
[65] Cf. *Ep* 5, 32.

Fils et Esprit Saint. Je voudrais que vous croyiez et que vous vous convainquiez que ce « grand mystère » humain a son *principe en Dieu qui est le Créateur,* qu'il s'enracine dans le Christ rédempteur, lui qui, comme Epoux, « s'est livré lui-même » et qui *apprend* à tous les époux et à toutes les épouses *à se « livrer »* avec toute la dignité personnelle de chacun et de chacune. Le Christ nous apprend l'amour nuptial.

Suivre la voie de la vocation au mariage signifie que l'on *apprend l'amour nuptial* jour après jour, année après année: l'amour de l'âme et du corps, l'amour qui « est patient, qui est bienveillant, qui *ne cherche pas son intérêt* ... et ne tient pas compte du mal »; l'amour qui sait « mettre sa joie dans la vérité », l'amour qui « supporte tout ».[66]

C'est justement de cet amour que vous avez besoin, vous les jeunes, si votre mariage à venir doit « *franchir* » *l'épreuve de toute la vie.* Et, de fait, cette épreuve fait partie de l'essence même de la vocation que, par le mariage, vous entendez inscrire dans le projet de votre vie.

C'est pourquoi *je ne cesse de prier le Christ et la Mère du bel Amour* pour l'amour qui naît dans le cœur des jeunes. Bien des fois il m'a été donné dans ma vie d'accompagner d'une certaine façon de plus près cet amour des jeunes. Grâce à cette expérience, j'ai compris *à quel point le problème* dont il est question ici est *essentiel,* à quel point il est important et grand. Je pense que l'avenir de l'homme se décide dans une large mesure sur les voies de cet amour, d'abord juvénile, que vous découvrez, *toi et elle... toi et lui,* sur les routes de votre jeunesse. C'est là,

[66] Cf. *1 Co* 13, 4. 5. 6. 7.

peut-on dire, une grande aventure, mais c'est aussi une grande tâche.

Aujourd'hui *les principes de la morale conjugale chrétienne* sont présentés en beaucoup de milieux sous une image déformée. On cherche à imposer dans certains cercles, et finalement à des sociétés entières, *un modèle qui s'intitule « progressiste » et « moderne ».* On ne remarque pas dans ce contexte que, suivant ce modèle, la personne humaine, et peut-être surtout la femme, est transformée de sujet en objet (soumise à une véritable manipulation), et toute l'ampleur du *sens de l'amour* est réduite à la « jouissance » qui, même si elle était partagée à deux, ne cesserait pas d'être de nature égoïste. Enfin *l'enfant,* qui est le fruit et l'incarnation nouvelle de l'amour des deux, devient toujours plus *« une adjonction gênante ».* La civilisation matérialiste et la civilisation de la consommation pénètrent tout ce merveilleux ensemble de l'amour conjugal, paternel et maternel, et le dépouillent du *contenu profondément humain* qui, dès l'origine, fut marqué d'une empreinte et d'un reflet divins.

Chers amis jeunes! *Ne permettez pas que vous soit enlevée cette richesse!* N'inscrivez pas dans le projet de votre vie un sens déformé, appauvri, dévié: l'amour « met sa joie dans la vérité ». *Cherchez cette vérité,* là où elle se trouve réellement! S'il le faut, soyez décidés à vous opposer aux courants d'opinion qui circulent et aux slogans de propagande! *N'ayez pas peur de l'amour, qui présente à l'homme des exigences précises.* Ces exigences — telles que vous les trouvez dans l'enseignement constant de l'Eglise — sont précisément capables de faire de votre amour un amour vrai.

Et si je devais le faire quelque part, c'est ici spécialement que je voudrais reprendre le vœux formulé au commencement: soyez « *toujours prêts à justifier l'espérance qui est en vous devant ceux qui vous en demandent raison* »*!* L'Eglise et l'humanité vous confient la grande question de l'amour sur lequel se fondent le mariage, la famille, et donc l'avenir. Elles vous font confiance: *vous saurez le faire renaître;* elle vous font confiance : vous saurez le rendre beau humainement et chrétiennement. Humainement et chrétiennement grand, adulte et responsable.

L'HÉRITAGE

11. Dans le vaste champ où le projet de vie conçu au cours de la jeunesse rencontre « *les autres* », nous avons évoqué le point névralgique. Retenons encore qu'en ce qui concerne cet élément central, où notre « moi » personnel s'ouvre à la vie « avec les autres » et « pour les autres » dans l'alliance matrimoniale, il y a dans l'Ecriture sainte une parole très riche de sens: « *L'homme quittera son père et sa mère et s'attachera à sa femme* ».[67]

Ce verbe « quittera » mérite une particulière attention. L'histoire de l'humanité passe depuis ses origines — et passera jusqu'à la fin — *par la famille.* L'homme y entre par la naissance qu'il doit à ses parents, à son père et à sa mère, pour *quitter,* le moment venu, ce premier milieu de vie et d'amour et pour *entrer dans un milieu nouveau.* « En quittant son père et sa mère », chacun et chacune de vous, en un sens, *les emmène en même temps en lui,* assume

[67] *Gn* 2, 24; cf. *Mt* 19, 5.

l'héritage multiforme qui a son origine directe et sa source en eux et dans leur famille. Ainsi, même en *quittant,* chacun de vous *demeure*: l'héritage qu'il assume l'attache durablement à ceux qui le lui ont transmis et auxquels il doit tout. Et lui-même — elle et lui — continuera à transmettre la même hérédité. C'est pourquoi le quatrième commandement du Décalogue présente une si grande importance: « Honore ton père et ta mère ».[68]

Avant tout, *cet héritage* consiste à *être homme* et, ensuite, à être homme dans une situation personnelle et sociale bien définie. Pour cela, même la ressemblance physique avec les parents joue un rôle. Plus important encore est tout *l'héritage de la culture,* au centre duquel se trouve quotidiennement *la langue.* Vos parents ont enseigné à chacun de vous à parler cette langue qui constitue l'expression privilégiée des liens sociaux avec les autres hommes. Ces liens s'inscrivent dans un cadre plus étendu que la famille elle-même ou un milieu déterminé. Il s'agit au moins d'une *tribu* et le plus souvent du cadre *d'un peuple* ou *d'une nation* où vous êtes nés.

Ainsi l'héritage familial s'étend. Par l'éducation familiale, vous participez à une culture déterminée, vous *participez* aussi *à l'histoire* de votre peuple ou de votre nation. Le lien familial signifie à la fois l'appartenance à une communauté plus grande que la famille, et une autre base encore pour l'identité de la personne. Si la famille est la première éducatrice de chacun d'entre vous, en même temps — *par la famille* — la tribu, le peuple ou *la nation* avec lesquels

[68] *Ex* 20, 12; *Dt* 5, 16; *Mt* 15, 4.

nous sommes liés par l'unité de la culture, de la langue et de l'histoire, ont un rôle éducatif.

Cet héritage constitue également *un appel d'ordre éthique.* En recevant la foi et en héritant les valeurs et les contenus qui composent l'ensemble de la culture de sa société, de l'histoire de sa nation, chacun et chacune de vous *reçoit* en son humanité individuelle *des dons spirituels.* Nous retrouvons ici *la parabole des talents* que le Créateur nous confie par l'intermédiaire de nos parents et de nos familles, et aussi par l'intermédiaire de la communauté nationale à laquelle nous appartenons. Face à cet héritage nous ne pouvons garder *une attitude passive* ou même d'indifférence, comme le fait le dernier des serviteurs évoqués dans la parabole des talents.[69] Nous devons faire tout ce dont nous sommes capables pour *assumer* cet héritage spirituel, *pour le confirmer, le maintenir et le développer.* C'est là une tâche importante dans toutes les sociétés, peut-être plus particulièrement pour celles qui se trouvent au début de leur *existence autonome,* ou pour celles qui doivent défendre l'existence même et l'identité essentielle de leur nation des risques d'une destruction provoquée de l'extérieur ou d'une décomposition à l'intérieur.

En vous écrivant, à vous les jeunes, je cherche à avoir spirituellement devant les yeux la situation complexe et diversifiée *des tribus, des peuples et des nations* sur notre globe terrestre. Votre jeunesse et le projet de vie que chacun et chacune de vous élabore pendant sa jeunesse, tout cela *s'insère,* dès le début, *dans l'histoire* des différentes sociétés; et cela ne vient

[69] Cf. *Mt* 25, 14-30; *Lc* 19, 12-26.

pas « de l'extérieur » mais éminemment « de l'intérieur ». Cela devient pour vous une question d'esprit familial et aussi national: *une question de cœur, une question de conscience.* Le développement du concept de « patrie » est étroitement lié à celui du concept de « famille » et, en un sens, chacun en fonction de la nature de l'autre. Et vous, peu à peu, en faisant l'expérience de ces liens sociaux plus larges que les liens familiaux, vous commencez aussi à participer *à la responsabilité du bien commun* de cette famille plus vaste qu'est la « patrie » terrestre de chacun et de chacune d'entre vous. Les grandes figures de l'histoire, passée ou contemporaine, d'une nation sont aussi les guides de votre jeunesse et elles favorisent le *développement de cet amour social* qu'on appelle le plus souvent « amour de la patrie ».

Talents et tâches

12. Dans ce contexte de la famille et de la société qu'est votre patrie, voici que s'insère peu à peu un thème très proche de la parabole des talents. Peu à peu, en effet, vous *reconnaissez* quel « *talent* » ou quels « *talents* » vous sont propres, à chacun et à chacune de vous, et vous commencez à vous en servir de manière créatrice, vous commencez à les *multiplier.* Et cela se fait *par le travail.*

Dans ce domaine, quel immense éventail d'orientations possibles, de capacités, de centres, d'intérêt! Je ne m'attacherai pas à les énumérer ici, même pas à titre d'exemple, car on courrait le risque d'en omettre plus qu'on ne peut en prendre en considération. Je présuppose donc toute *cette variété et cette multiplicité d'orientations.* Elle illustre aussi la richesse des multiples découvertes que la jeunesse porte en elle. En se référant à l'Evangile, on peut dire que *la jeunesse est le temps du discernement des talents.* Elle est également le temps où l'on commence à parcourir les multiples itinéraires au long desquels se sont développés et continuent à se développer toute l'activité de l'homme, son travail et sa créativité.

Je vous souhaite à tous de *faire la découverte de vous-mêmes* au long de ces parcours. Je vous souhaite d'y entrer avec intérêt, avec empressement, avec enthousiasme. *Le travail* — tout travail — *revêt un caractère pénible.* « A la sueur de ton visage tu mangeras ton pain »,[70] et chacun et chacune de vous fait cette expérience de la peine dès ses toutes premières années. Cependant *le travail forme* aussi *l'homme* d'une manière particulière et, en un sens, *il le crée.* Il s'agit donc toujours d'une peine créatrice.

Cela concerne non seulement le travail de recherche ou en général le travail intellectuel pour acquérir la connaissance, mais aussi les travaux purement matériels courants qui apparemment ne comportent rien de « créateur ».

Le travail caractéristique du temps de la jeunesse constitue, avant tout, *une préparation au travail de l'âge adulte*; il est donc lié aux études. Ainsi, au moment de vous écrire ceci, à vous les jeunes, je pense à toutes les écoles qui existent partout dans le monde, auxquelles votre jeune existence est attachée pour plusieurs années, à différents niveaux successivement, selon votre degré de développement intel-

[70] *Gn* 3, 19.

lectuel et l'objectif que vous recherchez, *depuis l'école élémentaire jusqu'à l'université.* Je pense aussi à tous les adultes, mes frères et sœurs, qui sont vos enseignants, vos éducateurs, guides des jeunes esprits et des jeunes caractères. Comme leur tâche est grande! Quelle responsabilité leur revient! Mais comme est grand aussi leur mérite!

Je pense enfin à ces secteurs de la jeunesse, aux garçons et aux filles de votre âge qui, notamment dans certaines sociétés et certains milieux, sont *privés de la possibilité de l'instruction,* souvent même de l'instruction élémentaire. Cette réalité constitue un défi permanent à toutes les institutions responsables à l'échelle nationale et internationale: à un tel état de choses, il faut apporter les améliorations nécessaires. *L'instruction,* en effet, est un *des biens fondamentaux* de la civilisation humaine. Elle a une particulière importance pour les jeunes. L'avenir de toute société en dépend aussi dans une large mesure.

Cependant, alors que nous posons le problème de l'instruction, des études, du savoir et de l'école, surgit un problème d'importance fondamentale pour l'homme, et spécialement pour le jeune. C'est le problème de la *vérité.* La vérité est la lumière de l'intelligence humaine. Si dès la jeunesse l'intelligence cherche à connaître la réalité dans ses diverses dimensions, elle le fait pour posséder la vérité: *pour vivre de la vérité.* Telle est la structure de l'esprit humain. La faim de vérité constitue son aspiration et son expression fondamentales.

Le Christ dit: « Vous connaîtrez la vérité, et la vérité vous libérera ».[71] De toutes les paroles de

[71] *Jn* 8, 32.

l'Evangile, assurément celle-ci est parmi les plus importantes. En fait, elle se rapporte à l'homme dans sa totalité. Elle explique sur quoi se construisent de l'intérieur *la dignité et la grandeur propres à l'homme,* selon les caractéristiques de l'esprit humain. La connaissance qui libère l'homme ne dépend pas seulement de l'instruction, même de niveau universitaire — elle peut aussi bien être celle d'un analphabète; cependant l'instruction, en tant que connaissance systématique de la réalité, devrait servir cette dignité et cette grandeur. Elle devrait donc servir la vérité.

Le service de la vérité s'exerce aussi *par le travail,* que vous serez appelés à accomplir après avoir achevé le programme de vos études. A l'école, vous devez acquérir les capacités intellectuelles, techniques et pratiques qui vous permettront de prendre utilement votre place dans le vaste monde du travail humain. Mais, s'il est vrai que l'école doit préparer au travail, y compris le travail manuel, il est vrai aussi que *le travail lui-même enseigne des valeurs grandes et importantes*: il a sa propre force expressive, qui apporte à la culture de l'homme une contribution appréciable.

Cependant, dans le rapport entre formation et travail qui caractérise la société actuelle, surgissent *des problèmes très graves d'ordre pratique.* Je pense en particulier *au problème* du chômage et plus généralement du manque d'emplois qui affecte diversement les jeunes générations dans le monde entier. Cela — vous le savez bien — entraîne d'autres questions qui, dès les années de l'école, projettent une ombre d'insécurité sur votre avenir. Vous vous demandez: — La société a-t-elle besoin de moi? Pourrai-je, moi aussi, trouver un travail adapté qui me permette de me rendre indépendant? De former une famille dans des conditions de vie convenables et, avant tout, dans un logement à moi? En somme, est-il réellement vrai que la société compte sur *ma* participation?

La gravité de ces questions m'incite à rappeler une fois encore aux gouvernants et à tous ceux qui exercent une responsabilité dans l'économie et le développement des nations que *le travail est un droit de l'homme,* et donc qu'il faut en assurer l'exercice en consacrant à cette fin les efforts les plus soutenus et en mettant au centre de la politique économique le souci de créer des postes de travail adaptés à tous, surtout à l'intention des jeunes qui souffrent si souvent aujourd'hui du fléau du chômage. Soyons tous convaincus que « le travail est un bien de l'homme — il est un bien de son humanité — car, par le travail, *non seulement l'homme transforme la nature* en l'adaptant à ses propres besoins, mais encore *il se réalise lui-même* comme homme et même, en un certain sens, "il devient plus homme" ».[72]

L'AUTO-ÉDUCATION
LES MENACES

13. *En tant qu'institution et que milieu, l'école* concerne avant tout la jeunesse. Mais je dirais que la parole du Christ sur la vérité, citée précédemment, s'applique plus encore aux jeunes eux-mêmes. Si, en effet, il n'y a pas de doute que *la famille éduque, que l'école instruit et éduque,* il faut dire aussi que l'action de la famille ou celle de l'école resteront incomplètes

[72] JEAN-PAUL II, Encyclique *Laborem exercens,* n. 9: *AAS* 73 (1981), pp. 599-600.

(et pourraient même être rendues tout à fait vaines), si *chacun et chacune de vous,* les jeunes, n'entreprenait pas par lui-même la tâche de sa propre éducation. L'éducation familiale et scolaire pourra vous fournir seulement certains *éléments pour la tâche de votre auto-éducation.*

Et dans ce contexte la parole du Christ: « Vous connaîtrez la vérité et la vérité vous libérera » devient un programme essentiel. Les jeunes ont *le « sens de la vérité »* connaturellement — si l'on peut ainsi s'exprimer. Et si la vérité doit servir la liberté, les jeunes ont aussi spontanément *le « désir de la liberté ».* Et que signifie être libre? Cela signifie être capable de faire usage de sa propre liberté selon la vérité — être « vraiment » libre. *Etre vraiment libre* ne veut absolument pas dire faire tout ce qui me plaît, ou tout ce que j'ai envie de faire. La liberté comprend en elle-même le critère de la vérité, la discipline de la vérité. Etre vraiment libre signifie *faire usage de sa propre liberté pour ce qui est un vrai bien.* Il s'ensuit donc qu'être vraiment libre veut dire être un homme de conscience droite, être responsable, être un homme « pour les autres ».

Tout cela se situe *au cœur même* de ce que nous appelons l'éducation et, d'abord, de ce que nous appelons l'auto-éducation. Oui, l'auto-éducation! En effet une telle structure intérieure, où « la vérité nous libère », ne peut être construite seulement « de l'extérieur ». Chacun doit la construire « de l'intérieur » — *l'édifier dans la peine, avec persévérance et patience* (ce qui n'est pas toujours tellement facile pour les jeunes). Et c'est justement cette construction que l'on appelle auto-éducation. Le Seigneur Jésus parle aussi de cela quand il souligne que c'est seulement « par la constance » que nous pouvons « *sauver nos vies* ».[73] « Sauver sa vie »: voilà le fruit de l'auto-éducation.

Tout cela suppose une nouvelle manière de voir la jeunesse. Il ne s'agit plus là simplement d'un projet de vie qui doit être réalisé à l'avenir. Il *se réalise maintenant dans la phase de la jeunesse,* si nous, par le travail, l'instruction, et en particulier par l'auto-éducation, nous créons la vie elle-même, *en établissant le fondement* du développement ultérieur de notre personnalité. En ce sens, on peut dire que la jeunesse est « le sculpteur qui sculpte toute la vie », et la forme qu'il imprime à l'humanité concrète de chacun et de chacune de vous s'affirmera tout au long de sa vie.

Si cela présente *un sens positif* important, malheureusement cela peut aussi présenter *un sens négatif* important. Vous ne pouvez pas fermer les yeux devant les menaces qui vous assaillent pendant le temps de votre jeunesse. Elles aussi peuvent imprimer leur marque sur toute votre vie.

Je pense ici, par exemple, à la tentation d'exagérer l'esprit critique au point de tout discuter et de tout remettre en question; ou à celle du scepticisme envers les valeurs traditionnelles, d'où on glisse facilement à une sorte de cynisme sans scrupules, quand il s'agit d'affronter les problèmes du travail, de la carrière ou celui du mariage lui-même. Et comment taire ensuite la tentation qui consiste à se plonger, surtout dans les pays les plus riches, dans un marché du divertissement où l'on est détourné de prendre sérieusement ses responsabilités dans la vie et poussé

[73] Cf. *Lc* 21, 19.

à la passivité, à l'égoïsme et à l'isolement? Chers jeunes, vous êtes menacés par un usage dangereux des techniques publicitaires lorsqu'elles favorisent l'inclination naturelle à éviter la peine, en promettant la satisfaction immédiate de tout désir, tandis que la consommation qu'elle entraîne amène l'homme à chercher la réalisation de lui-même surtout dans la jouissance des biens matériels. Combien de jeunes, conquis par l'attrait de mirages trompeurs, s'abandonnent à la force incontrôlée des instincts ou s'aventurent sur des voies apparemment riches de promesses, mais dépourvues en réalité de perspectives authentiquement humaines! Il me paraît utile de reprendre ici ce que j'ai écrit dans le *Message* que je vous ai particulièrement destiné à l'occasion de la *Journée mondiale de la Paix*: « Certains d'entre vous peuvent connaître la tentation de fuir leurs responsabilités: dans le monde illusoire de l'alcool ou de la drogue, dans les relations sexuelles éphémères sans l'engagement du mariage pour la famille, dans l'indifférence, dans le cynisme et même dans la violence. Vous-mêmes, gardez-vous de la tromperie d'un monde qui veut exploiter ou détourner votre quête énergique et forte du bonheur et du sens ».[74]

Je vous écris tout cela pour exprimer la vive inquiétude que j'éprouve pour vous. Si en effet vous devez être « toujours prêts à justifier l'espérance qui est en vous devant ceux qui vous en demandent raison », *tout ce qui menace cette espérance* doit être source de préoccupation. Et à tous ceux qui, par toutes sorte de tentations et d'illusions, cherchent à détruire

[74] Message pour la célébration de la Journée mondiale de la Paix 1985, n. 3: *AAS* 77 (1985), p. 163.

votre jeunesse, je ne peux pas ne pas rappeler *les paroles du Christ* à propos du scandale et de ceux qui le provoquent: « Malheur à celui par qui il arrive! Mieux vaudrait pour lui se voir passer autour du cou une pierre à moudre et être jeté à la mer que de scandaliser un seul de ces petits ».[75]

Paroles graves! Particulièrement graves dans la bouche de celui qui est venu révéler l'amour. Mais celui qui lit attentivement ces paroles de l'Evangile doit comprendre à quelle profondeur se situe *l'antithèse entre le bien et le mal, entre la vertu et le péché.* Il doit saisir encore plus clairement *l'importance qu'a aux yeux du Christ la jeunesse de chacun et de chacune de vous.* C'est vraiment l'amour des jeunes qui lui a dicté ces paroles graves et sévères. Il y a là un écho lointain du dialogue évangélique du Christ avec le jeune homme auquel la présente lettre fait constamment référence.

La jeunesse comme « croissance »

14. Permettez-moi de conclure cette partie de mes réflexions en rappelant les expressions utilisées par l'Evangile pour parler de *la jeunesse de Jésus de Nazareth.* Elles sont brèves, même si elles couvrent la période de trente années qu'il a passées dans la maison familiale, auprès de Marie et de Joseph le charpentier. L'Evangéliste Luc écrit: « *Quant à Jésus, il croissait* (ou *progressait*) *en sagesse, en taille et en grâce devant Dieu et devant les hommes* ».[76]

[75] *Lc* 17, 1-2.
[76] *Lc* 2, 52.

Ainsi *la jeunesse est une « croissance »*. A la lumière de tout ce qui a été dit jusqu'ici sur ce thème, cette parole évangélique paraît particulièrement *synthétique et suggestive.* La croissance « en âge » évoque le rapport naturel de l'homme avec le temps: cette croissance est comme *une étape « ascendante »* dans l'ensemble du parcours humain. A cela correspond tout le développement psychophysique: c'est la croissance de toutes les énergies *par lesquelles se constitue* l'individualité humaine normale. Mais il faut qu'à ce processus corresponde la croissance « en sagesse et en grâce ».

A vous tous, chers amis les jeunes, je souhaite vraiment une telle « croissance ». On peut dire que c'est *par elle que la jeunesse* est vraiment *la jeunesse.* C'est ainsi qu'elle acquiert ses caractéristiques propres, absolument uniques. C'est ainsi qu'elle est donnée à chacun et à chacune de vous, dans son expérience personnelle et également dans son expérience communautaire, comme *une valeur particulière.* Et de même elle se consolide aussi par l'expérience des adultes qui ont déjà leur jeunesse derrière eux, et qui de l'étape « ascendante » avancent vers l'étape « descendante » au moment de faire le bilan global de leur vie.

Il faut que la jeunesse soit une « croissance » qui porte avec soi *l'intégration progressive de tout ce qui est vrai, bon et beau,* jusqu'au moment où elle sera « de l'extérieur » confrontée aux souffrances, à la perte des proches et à toute l'expérience du mal qui sans cesse se fait sentir dans le monde où nous vivons.

Il faut que la jeunesse soit une « croissance ». A cette fin, *le contact avec le monde visible, avec la nature,* est d'une énorme importance. Ce rapport nous enrichit pendant la jeunesse d'une manière différente de la science du monde « puisée dans les livres ». Il nous enrichit d'une manière directe. On pourrait dire que, en restant en contact avec la nature, nous accueillons dans notre existence humaine *le mystère même de la création,* qui se découvre devant nous avec une richesse et une variété inouïes d'êtres visibles, et en même temps attire constamment vers ce qui est caché, ce qui est invisible. La *sagesse* — que ce soit par la voix des auteurs inspirés,[77] comme du reste par le témoignage de nombreux hommes de génie — semble *mettre en évidence* de différentes manières « *la transparence du monde* ». Il est bon pour l'homme de lire dans ce livre merveilleux qu'est le « livre de la nature », tout grand ouvert pour chacun de nous. Ce qu'un esprit jeune et un cœur jeune y lisent semble être profondément accordé avec *l'exhortation à la sagesse*: « Acquiers la sagesse, acquiers l'intelligence ... Ne l'abandonne pas, elle te gardera; aime-la, elle veillera sur toi ».[78]

L'homme d'aujourd'hui, spécialement dans le cadre de la civilisation technique et industrielle hautement développée, est devenu un explorateur de la nature à une grande échelle, la traitant bien souvent de manière utilitaire, détruisant ainsi une grande partie de ses richesses et de son attrait, et polluant *le milieu naturel* de son existence terrestre. La nature, pourtant, est donnée à l'homme comme objet d'admiration et de contemplation, comme un grand

[77] Cf. par exemple *Ps* 104 [103]; 19 [18]; *Sg* 13, 1-9; 7, 15-20.
[78] *Pr* 4, 5-6.

miroir du monde. *L'alliance du Créateur* avec sa *créature* s'y reflète; son centre se trouve dès l'origine en l'homme, créé d'emblée « à l'image » de son Créateur.

C'est pourquoi je vous souhaite, à vous les jeunes, que votre croissance « en âge et en sagesse » se poursuive grâce au contact avec la nature. Prenez-en le temps! Ne l'épargnez pas! *Acceptez aussi la peine et l'effort* que comporte parfois ce contact, en particulier quand nous désirons atteindre des objectifs spécialement importants. Cette peine est créatrice, elle constitue également un élément pour un *sain repos,* qui est aussi nécessaire pour l'étude que pour le travail.

Cette peine et cet effort, on les retrouve aussi parmi les thèmes de la Bible, en particulier chez saint Paul qui compare toute vie chrétienne à *une course dans le stade.*[79]

Pour chacune et chacun de vous cette peine et cet effort sont nécessaires; non seulement ils endurcissent le corps, mais tout homme y éprouve la joie de se dominer et de *surmonter obstacles et résistances.* Assurément, c'est là un des éléments de la « croissance » qui caractérise la jeunesse.

Je vous souhaite, d'autre part, que cette « croissance » se poursuive grâce au contact *avec les œuvres de l'homme* et, plus encore, avec les *hommes vivants.* Combien sont nombreuses les œuvres accomplies par les hommes au cours de l'histoire! Combien grande est leur richesse et leur variété! La jeunesse semble particulièrement sensible à la vérité, au bien et à la beauté que contiennent les œuvres de l'homme.

[79] Cf. *1 Co* 9, 24-27.

Restant en contact avec elles dans le champ de tant de cultures différentes, de tant d'arts et de sciences, nous *apprenons la vérité sur l'homme* (exprimée aussi d'une manière si suggestive par le *Psaume 8*), la vérité qui contribue à former et à approfondir l'humanité de chacun de nous.

Cependant nous étudions l'homme d'une manière toute particulière dans *ses rapports avec les autres hommes.* Il faut que la jeunesse vous permette de grandir « en sagesse » par ces contacts. C'est le temps en effet où s'établissent de nouvelles rencontres, des *camaraderies et des amitiés* dans des milieux plus larges que la seule famille. S'ouvre ainsi le vaste champ de l'expérience, qui présente de l'importance non seulement dans l'ordre des connaissances, mais en même temps dans le domaine éducatif et moral. Toute cette expérience de la jeunesse sera utile quand elle fera naître en chacun et en chacune de vous le sens critique et, avant tout, *la capacité du discernement* pour tout ce qui est humain. Cette expérience de la jeunesse sera heureuse si vous y apprenez progressivement *la vérité* essentielle *sur l'homme* — sur tout homme et sur vous-mêmes —, la vérité que synthétise ce passage remarquable de la Constitution pastorale *Gaudium et spes*: « L'homme, seule créature sur terre que Dieu a voulue pour elle-même, ne peut pleinement se trouver que par le don désintéressé de lui-même ».[80]

Ainsi donc nous apprenons à connaître les hommes pour être plus pleinement hommes, grâce à la capa-

[80] Conc. Œcum. Vat. II, Constitution past. sur l'Eglise dans le monde de ce temps *Gaudium et spes,* n. 24.

cité de « nous donner »: *être* homme « *pour les autres* ». Une telle vérité sur l'homme — une telle anthropologie — trouve *en Jésus de Nazareth un sommet* inaccessible. C'est pourquoi son adolescence elle-même est si importante, tandis qu'il « croissait en sagesse ... et en grâce devant Dieu et devant les hommes ».

Je vous souhaite aussi cette « croissance » *par le contact avec Dieu*. Pour cela, le contact avec la nature et avec les hommes peut être utile, indirectement; mais c'est *spécialement la prière* qui y contribue directement. Priez et apprenez à prier! Ouvrez vos cœurs et vos consciences face à Celui qui vous connaît mieux que vous-mêmes. Parlez avec lui! Approfondissez la Parole du Dieu vivant, en lisant et en méditant la sainte Ecriture.

Ce sont là *les méthodes et les moyens* pour vous approcher de Dieu et entrer en contact avec lui. Rappelez-vous qu'il s'agit d'un rapport réciproque. *Dieu répond* d'une façon totalement gratuite par « le don de soi », que le langage biblique nomme la « grâce ». Cherchez à vivre dans la grâce de Dieu!

En vous écrivant, je me suis contenté de signaler seulement les principaux problèmes qui concernent le thème de la « croissance ». Chacun d'eux, en effet, est susceptible d'une discussion plus ample. J'espère que cela se fait dans les différents *milieux de jeunes* et les groupes, dans les mouvements et les organisations, qui sont si nombreux dans les divers pays de chaque continent, où chacun d'eux s'inspire de sa propre méthode qu'il a élaborée *pour travailler sur le plan de la vie spirituelle et de l'apostolat.* Ces organismes, avec la participation des Pasteurs de l'Eglise, cherchent à montrer aux jeunes la voie de cette « croissance » qui constitue, en un sens, *la définition évangélique de la jeunesse.*

Le grand défi de l'avenir

15. L'Eglise regarde les jeunes; et même, l'Eglise d'une manière toute spéciale *se regarde elle-même dans les jeunes* — en vous tous aussi bien qu'en chacun et chacune de vous. Il en a été ainsi dès le début, dès les temps apostoliques. Les paroles de saint Jean dans sa *première Lettre* peuvent en être un témoignage marquant: « Je vous écris, jeunes gens, parce que *vous avez vaincu le Mauvais.* Je vous ai écrit, petits enfants, parce que *vous connaissez le Père* ... Je vous ai écrit, *jeunes gens,* parce que *vous êtes forts,* que la Parole de Dieu *demeure en vous* ».[81]

Les paroles de l'Apôtre prolongent le dialogue évangélique du Christ avec le jeune homme, et elles résonnent d'un écho puissant *de génération en génération.*

Dans notre génération, au terme du second millénaire après le Christ, l'Eglise se regarde encore elle-même dans les jeunes. *Et comment l'Eglise se regarde-t-elle elle-même?* Que l'enseignement du Concile Vatican II en soit un témoignage particulier! L'Eglise se voit elle-même comme « *le sacrement,* c'est-à-dire à la fois le signe et le moyen *de l'union intime avec Dieu* et *de l'unité de tout le genre humain* ».[82] Et donc elle se voit elle-même en lien

[81] *1 Jn* 2, 13-14.

[82] Conc. Œcum. Vat. II, Constitution dogm. sur l'Eglise *Lumen gentium,* n. 1.

avec toute la grande famille humaine constamment en croissance. Elle se voit dans des dimensions universelles. Elle se voit *sur les chemins de l'œcuménisme,* c'est-à-dire de l'unité de tous les chrétiens pour laquelle le Christ lui-même a prié et qui présente à notre époque un caractère indiscutable d'urgence. Elle se voit aussi elle-même dans le dialogue avec les disciples des *religions non chrétiennes* et avec tous les hommes de bonne volonté. Ce dialogue est un dialogue pour le salut qui devra contribuer aussi à la paix dans le monde et à la justice entre les hommes.

Vous les jeunes, vous êtes l'espérance de l'Eglise qui, justement de cette manière, se voit elle-même et voit *sa mission dans le monde.* Elle vous parle de cette mission. Cela a été exprimé par le récent Message du 1er janvier 1985 pour la célébration de la Journée mondiale de la Paix. *Celui-ci* vous a été adressé à vous, dans la conviction que « la voie de la paix est aussi la voie des jeunes » (*La paix et les jeunes marchent ensemble*). Cette conviction est un appel et elle exprime un devoir: encore une fois, il s'agit d'être « prêts à justifier l'espérance qui est en vous devant ceux qui vous en demandent raison » — l'espérance qui vous caractérise. Comme vous le voyez, cette espérance touche aux questions fondamentales qui sont universelles.

Vous vivez tous quotidiennement au milieu de vos proches. Toutefois ce cercle *s'élargit* peu à peu. Des personnes toujours plus nombreuses participent à votre vie, et vous-mêmes vous voyez s'esquisser la communion qui vous unit avec elles. Presque toujours ce sera une *communauté différenciée* dans une certaine mesure. Ces différences, le Concile Vatican II les entrevoyait et les énonçait dans sa Constitution dogmatique sur l'Eglise et dans sa Constitution pastorale sur l'Eglise dans le monde de ce temps. Votre jeunesse se forme parfois dans des milieux *homogènes* du point de vue de la confession religieuse, parfois divers sur le plan religieux ou même aux confins de la foi et de l'incroyance, que celle-ci prenne la forme de l'agnosticisme ou de l'athéisme exprimé de diverses manières.

Il semble toutefois qu'en face de certains problèmes, ces communautés de jeunes, multiples et diverses, ressentent les choses, pensent et réagissent de manière *très similaire*. Il semble, notamment, que tous les jeunes soient unis dans une même attitude à l'égard du fait que des centaines de milliers d'hommes vivent dans une misère extrême, et même meurent de faim, tandis qu'en même temps des sommes vertigineuses sont investies dans la production des armes nucléaires dont les arsenaux, dès à présent, sont en mesure de provoquer l'autodestruction de l'humanité. Il y a d'autres *tensions* et d'autres *menaces* du même ordre, à une échelle jusqu'ici inconnue dans l'histoire de l'humanité. Le Message, déjà cité, pour le 1er janvier évoque tout cela; c'est pourquoi je ne reviens pas sur ces problèmes. Nous sommes tous conscients qu'à l'horizon de l'existence des milliards de personnes qui forment la famille humaine à la fin du second millénaire après le Christ, semble s'annoncer *la possibilité de calamités et de catastrophes* d'une ampleur vraiment apocalyptique.

Dans cette situation, vous les jeunes, vous pouvez demander à bon droit aux générations précédentes: pourquoi en est-on arrivé là? Pourquoi en est-on venu à une situation si menaçante pour l'humanité sur tout le globe terrestre? *Quelles sont les causes* de l'injustice qui blesse notre regard? *Pourquoi* y a-t-il *tant* d'hommes qui meurent de faim? *Tant* de millions de réfugiés aux frontières? *Tant* de situations où sont bafoués les droits élémentaires de l'homme? Pourquoi *tant* de prisonniers, *tant* de camps de concentration, *tant* de violence systématique, *tant* de meurtres de personnes innocentes, *tant* d'hommes maltraités, *tant* de tortures, *tant* de tourments infligés au corps et à la conscience de l'homme? Et au milieu de tout cela, il y a aussi le fait que des hommes jeunes ont sur la conscience de nombreuses victimes innocentes, parce qu'on leur a inculqué la conviction que ce n'est que par cette voie — *celle du terrorisme organisé* — que le monde peut être amélioré. Vous demandez donc, encore une fois: *pourquoi?*

Vous les jeunes, vous pouvez poser ces questions, et vous le devez! Il s'agit, en effet, du monde où vous vivez *aujourd'hui,* et où vous devrez vivre *demain,* alors que la génération actuellement plus avancée en âge aura passé. A bon droit donc, vous interrogez: pourquoi un si grand *progrès* de l'humanité — qui ne peut se comparer à celui d'aucune époque antérieure de l'histoire — dans les domaines de la science et de la technique? Pourquoi *le progrès* dans la maîtrise de la matière par l'homme se retourne-t-il *contre l'homme* à tant d'égards? Et à juste titre vous demandez aussi, sans doute avec un sentiment de peur: cet état de choses ne serait-il pas irréversible? *Peut-il être changé? Réussirons-nous à le changer?*

Cela, vous le demandez à juste titre. Oui, c'est

la question fondamentale à la mesure de votre génération.

Sous cette forme se poursuit *votre dialogue avec le Christ,* commencé un jour dans l'Evangile. Le jeune homme demandait: « Que dois-je faire pour avoir la vie éternelle? ». Et vous posez la question *en fonction de l'époque* où il se trouve que vous êtes jeunes: que devons-nous faire pour que la vie — la vie florissante de l'humanité — ne devienne pas le cimetière de la mort nucléaire? *Que devons-nous faire* pour que nous ne soyons pas dominés par le péché de l'injustice universelle? Le péché du mépris de l'homme et de la dégradation de sa dignité, en dépit de tant de déclarations qui confirment tous ses droits? *Que devons-nous faire?* Et encore: *saurons-nous le faire?*

Le Christ répond comme il avait répondu autrefois aux jeunes de la première génération de l'Eglise, à travers les paroles de l'Apôtre: « Je vous écris, jeunes gens, parce que *vous avez vaincu le Mauvais.* Je vous ai écrit, petits enfants, parce que *vous connaissez le Père* ... Je vous ai écrit, jeunes gens, parce que *vous êtes forts,* que la Parole de Dieu demeure en vous ».[83] Les paroles de l'Apôtre, remontant à presque deux mille ans, sont aussi une réponse pour aujourd'hui. Elles parlent *le langage simple* et fort *de la foi,* qui porte en lui la victoire contre le mal qui est dans le monde: « Et telle est la victoire qui a triomphé du monde: notre foi ».[84] Ces paroles sont fortes *grâce à l'expérience* apostolique — et celle des générations successives — *de la Croix et de*

[83] *1 Jn* 2, 13-14.
[84] *1 Jn* 5, 4.

la Résurrection du Christ. Dans cette expérience, tout l'Evangile est confirmé. Entre autres, elle confirme la vérité du dialogue du Christ avec le jeune hommc de l'Evangile.

Attardons-nous donc, au moment d'achever la présente lettre, *sur ces paroles apostoliques* qui sont à la fois un encouragement et un défi pour vous. Elle sont aussi une réponse.

Dans vos cœurs de jeunes vibre *le désir d'une fraternité authentique entre tous les hommes,* sans divisions, sans oppositions, sans discriminations. Oui, vous portez en vous, vous les jeunes, le désir d'une fraternité et d'une solidarité multiple — et inversement vous *ne voulez pas la lutte de l'homme contre l'homme* sous quelque forme que ce soit. Ce désir de fraternité — un homme est le prochain d'un autre homme! Un homme est le frère d'un autre homme! —, ce désir *ne témoigne-t-il pas, comme l'écrit l'Apôtre, de ce que « vous connaissez le Père »*? Car il n'y a de frères que lorsqu'il y a un père. Et *les hommes ne sont des frères que là où est le Père.*

Si donc vous portez en vous le désir de la fraternité, cela veut dire que « *la Parole de Dieu demeure en vous* ». La doctrine que le Christ nous a donnée et qu'il a justement nommée la « Bonne Nouvelle », demeure en vous. Et elle est sans cesse sur vos lèvres, ou du moins elle est enracinée dans vos cœurs, *la prière* du Seigneur qui commence *par les mots* « Notre Père ». Cette prière, tandis qu'elle révèle le Père, confirme en même temps que les hommes sont frères — et elle *s'oppose* par tout ce qu'elle contient à tous les *projets* conçus *selon un principe de lutte* de l'homme contre l'homme sous quelque forme que ce soit. La prière du « Notre Père » éloigne les cœurs humains de l'inimitié, de la haine, de la violence, du terrorisme, des discriminations, des situations où la dignité humaine et les droits humains sont bafoués.

L'Apôtre écrit que vous, les jeunes, *vous êtes forts du message divin*: du message qu'exprime l'Evangile du Christ et qui se résume dans la prière du « Notre Père ». Oui, vous êtes forts de cet enseignement divin, vous êtes forts de cette prière. Vous êtes forts, *parce que cette prière met en vous l'amour,* la bienveillance, le respect de l'homme, de sa vie, de sa dignité, de sa conscience, de ses convictions et de ses droits. Si « vous connaissez le Père », vous êtes forts de la puissance même de la fraternité humaine.

Vous êtes forts aussi pour *le combat, non pour le combat contre l'homme,* au nom de quelque idéologie ou pratique coupée des racines mêmes de l'Evangile, — mais forts *pour le combat contre le mal,* contre le vrai mal, contre tout ce qui offense Dieu, contre toute injustice et toute exploitation, contre toute fausseté et tout mensonge, contre tout ce qui blesse et humilie, contre tout ce qui profane la vie en commun et les rapports humains, contre tout crime qui porte atteinte à la vie, contre tout péché.

L'Apôtre écrit: « *Vous avez vaincu le Mauvais* »! C'est vrai. Il faut toujours remonter *aux racines du mal et du péché* dans l'histoire de l'humanité et de l'univers, comme le Christ est remonté à ces mêmes racines par le mystère pascal de sa Croix et de sa Résurrection. Il ne faut pas avoir peur d'appeler par son nom *le premier artisan du mal: le Mauvais.* La tactique qu'il a appliquée et qu'il applique consiste à *ne pas se révéler,* afin que le mal, répandu par lui depuis les origines, se développe par l'action de l'homme lui-même, par les systèmes et par les relations entre les hommes, entre les classes et entre les nations ... pour qu'il devienne toujours plus le *péché « structurel »* et pour qu'on puisse d'autant moins l'identifier comme le « *péché personnel* ». Donc pour que l'homme se sente en un sens « libéré » du péché, et qu'il soit en même temps toujours plus plongé dans ce péché.

L'Apôtre dit: « Jeunes gens, vous êtes forts »: *il faut seulement que « la Parole de Dieu demeure en vous »*. Vous êtes donc forts, et vous pouvez ainsi rejoindre les mécanismes cachés du mal et ses racines, et ainsi vous réussirez progressivement *à changer le monde,* à le transformer, à le rendre *plus humain, plus fraternel* — et en même temps, à en faire davantage *le monde de Dieu.* En effet, on ne peut couper le monde de Dieu ni l'opposer à Dieu dans le cœur de l'homme. Et on ne peut pas couper l'homme de Dieu ni l'opposer à Dieu. Cela serait contre la nature du monde et contre la nature de l'homme — *contre la vérité elle-même qui constitue toute la réalité!* En vérité le cœur de l'homme est inquiet, jusqu'à ce qu'il se repose en Dieu. Cette parole du grand Augustin ne perdra jamais son actualité.[85]

Message final

16. Voici donc, amis jeunes, que *je dépose entre vos mains cette lettre* qui se situe dans le sillage du

[85] Cf. S. Augustin, *Confessions,* I, 1: *CSEL* 33, p. 1.

dialogue du Christ avec le jeune homme, qui découle du témoignage des apôtres et des premières générations chrétiennes. Je vous remets cette lettre au cours de l'Année de la Jeunesse, tandis que nous nous approchons *du terme du second millénaire chrétien.* Je vous la remets en cette année qui marque le vingtième anniversaire de la conclusion du Concile Vatican II, qui a appelé les jeunes « l'espérance de l'Eglise »[86] et qui a adressé aux jeunes d'alors — comme à ceux d'aujourd'hui et à ceux de toujours — son « dernier message » où l'Eglise est présentée comme la véritable jeunesse du monde, comme celle qui « possède ce qui fait la force et le charme des jeunes: la faculté de se réjouir de ce qui commence, de se donner sans retour, de se renouveler et de repartir sur de nouvelles conquêtes ».[87] J'accomplis ce geste en ce *Dimanche des Rameaux,* jour où il m'est donné de rencontrer beaucoup d'entre vous, venus en pèlerinage sur la Place Saint-Pierre, ici à Rome. En cette journée, l'Evêque de Rome *prie* avec vous pour *tous les jeunes du monde entier, pour chacune et pour chacun.* Nous prions dans la communauté de l'Eglise pour que — dans le contexte des temps difficiles où nous vivons — vous soyez « toujours prêts à justifier l'espérance qui est en vous devant ceux qui vous en demandent raison ». Oui, parce que c'est de vous que dépend l'avenir, parce que *de vous dépendent l'achèvement de ce millénaire et le commencement du nouveau.*

[86] Décret sur l'éducation chrétienne *Gravissimum educationis,* n. 2.

[87] CONC. ŒCUM. VAT. II, Message aux jeunes: *AAS* 58 (1966), p. 18.

Ne soyez donc pas passifs; assumez vos responsabilités dans tous les domaines qui s'ouvrent à vous dans notre monde! Avec vous, en tous lieux, les évêques et les prêtres prieront à cette intention.

En priant ainsi dans la grande communauté des jeunes de toute l'Eglise et de toutes les Eglises, *nous tournons notre regard vers Marie,* elle qui accompagne le Christ au début de sa mission parmi les hommes. Elle est Marie de *Cana en Galilée,* qui intercède pour les jeunes, pour les nouveaux époux, quand, au banquet nuptial, le vin vient à manquer pour les invités. Alors la Mère du Christ adresse ces paroles aux hommes qui étaient là pour servir au cours du repas: « Tout ce qu'il vous dira — lui, le Christ —, faites-le ».[88]

Je vous redis ces paroles de la Mère de Dieu et je les adresse à vous, les jeunes, à chacun et à chacune de vous: « Tout ce que le Christ vous dira, faites-le ». Et je vous bénis au nom de la Trinité sainte. Amen.

Donné à Rome, près de Saint-Pierre, le 31 mars 1985, Dimanche des Rameaux et de la Passion du Seigneur, en la septième année de mon Pontificat.

Joannes Paulus PP. II

[88] *Jn* 2, 5.

TABLE

Cet ouvrage
a été reproduit
et achevé d'imprimer
le 28 mars 1985
par l'Imprimerie Floch
53100 – Mayenne.

Dépôt légal : mars 1985.
N° d'imprimeur : 22954.
Imprimé en France.